인도로 간 포스코맨, 비즈니스의 멘토가 되다

인도 비즈니스
성공 비결

인도로 간 포스코맨, 비즈니스의 멘토가 되다

인 도
비즈니스
성공비결

피톤치드

2018년 1월 주인도 대사로 부임해 저자를 두 번 만났다. 한 번은 말쑥한 양복 차림이었고, 또 한 번은 공장 작업복 차림이었다. 양복 차림의 엘리트 경영인보다는 마하라슈트라 포스코 공장 법인장으로서의 모습이 더욱 잘 어울리는 사람이었다.

저자는 현장 업무에 능한 인도 전문가다. 인도에서만 15년을 근무하고, 법인을 설립하고 공장 건설 경험을 가진 이는 많지 않다. 특히 사무실과 현장을 넘나들며 인도를 몸으로 느낀 이는 저자가 거의 유일할 것이다.

그동안 발간된 인도 관련 서적들은 인도의 문화, 철학 등을 다룬 것이 많았던 터라, 인도 진출에 관한 이 책이 가뭄에 단비처럼 반갑고 고맙다. 책에는 저자가 사무실과 현장을 넘나들며 쌓은 인도에서의 경험과 몸으로 부닥쳐 익힌 경영 노하우들이 집약되어 있다. 투자 지역을 고를 경우 생활 환경을 고려하라고 조언할 때는 인도의 낯선 환경에서 고군분투하는 모습이 그려져 공감의 미소가 지어진다.

2014년 모디 총리가 집권한 이래 인도는 경제개발에 올인하고 있다. 그리고 '메이크 인 인디아(Make in India)' 기치 아래 외국 기업 투자 유치에도 전력을 기울이고 있다. 중국 베이징에서 오랜 외교관 생활을 했던 경험으로 볼 때, 현재의 인도는 20여 년 전 중국 모습이다.

인도의 무궁무진한 잠재력을 보고 인도 진출에 관심을 두고 있지만, 서로 다른 문화와 기업 환경으로 망설이는 기업인들이 많다. 기회의 땅, 인도 진출을 희망하는 기업들에 이 책이 귀중한 안내서가 되기를 희망한다.

신봉길 주인도 대사

이 책의 저자인 방길호 법인장은 나와 같은 시기, 인도 푸네에서 현지 법인을 경영할 때 서로 의지하면서 도움을 주고받던 막역한 사이다. 특히 같은 단지에 살면서 일 년 365일 새벽에 일어나 회사의 발전을 위해 기도하는 모습을 보면서 깊은 애사심과 열정에 감명을 받았다.

인도는 경제적인 잠재력 외에도 종교, 문화 등 여러 방면에서 많은 관심을 받는 나라다. 특히 최근 들어 미국과 중국의 무역 갈등이 심화하면서 재편되는 세계 경제 지형도에서 막대한 잠재력을 바탕으로 인도 시장의 중요성이 주목받고 있다.

이런 변화를 반영하듯 국내에서도 인도에 대한 관심이 나날이 높아져 가고, 많은 기업이 기존 해외 생산 거점의 대안 또는 새로운 해외 시장 개척을 위해 인도 진출을 고민하는 경우도 많다. 하지만, 유구한 역사와 언어, 종교, 인종의 다양성을 자랑하는 나라답게 인도를 충분히 이해하고 현지 환경에 맞는 전략을 개발하고 수행하는 일은 쉽지 않다. 많은 경우 상당한 시행착오를 겪고 있다. 15년 동안 인도에서 몸소 겪은 경험과 해박한 지식을 바탕으로 인도의 사회, 정치, 문화적인 특성, 기업을 운영하는 데 참고해야 할 시장 특성, 앞으로 성장이 기대되는 업종 등 다양한 주제에 대한 자세한 정보를 담은 이 책은 인도 진출을 고민하는 분들에게 현장감 있는 지침서로서 크게 도움이 될 것이다.

나날이 심화하는 시장 환경으로 해외 시장 개척이 그 어느 때보다 절실한 시점이다. 이 책을 참고하여 인도 시장이 한국 기업에 또 다른 기회가 되었으면 한다. 이 책의 출간을 진심으로 축하한다.

공기영 현대건설기계 주식회사 대표이사

포스코 인도 법인장의 분주한 업무를 수행하면서도 세심하게 인도 시장을 관찰한 《인도 비즈니스 성공 비결》은 인도 진출을 위한 경영자에게 확실한 해법을 찾게 해준다. 지속 가능한 성장과 비전 제시를 원하는 분들에게도 일독을 권한다. 인도 진출을 검토할 때부터 길잡이가 될 것이다.

"단언하지만, 인도 시장에 최적화된 디테일한 사업 전략 없이는 백전백패할 수밖에 없다. 15년간 인도에 근무하면서 인도에 진출하였던 많은 한국 기업이 실패하고 한국으로 돌아가는 사례를 많이 보았다."라는 부분을 읽으면서 많은 생각을 했다. 인도에서 경영을 막 시작한 당사(주식회사 오토젠 인도)의 대표로서 필자가 처음 진출한 시점과 비교하여 인도 시장은 현저히 발전했다. 그럼에도 불구하고 본인은 많은 시행착오와 어려움을 겪었다. 다시 한번 필자의 희생과 헌신에 깊은 경의를 표한다.

필자는 인도에서 근무하면서 4개 법인 설립과 5개 공장 건설 그리고 설비 도입 및 운영, 자금의 차입, 세금 관련 등 일련의 과정이 매우 복잡하고 장기간 소요되어 한국보다 2~3배 힘들었다고 한다. 다년간의 인도 경험과 통찰력을 통해 인도에 최적화된 전략 수립과 실행을 통해 4개 법인을 성공의 반석 위에 올려놓았다는 사실에 놀랐다.

이 책은 인도의 유망 사업과 인도 주재원, 현지인 정보 그리고 인터넷을 통해 입수한 정보 분석을 담고 있다. 이 책으로 다양하고 지혜로운 경험을 맛보게 될 것이다. 필자가 강조하듯 인도는 13억 명의 인구와 꾸준한 경제성장률, 그리고 정치 안정과 기업에 우호적인 정부의 등장으로 매력적이고, 도전해 볼 만한 기회의 시장이다. 이미 인도에 진출한 한국 기업들은 매년 성장을 거듭하고 있다. 성공적인 인도 진출의 기회를 살려 향후 진출할 기업과 후배들에게 매우 유익한 길잡이가 될 것이라 확신한다.

조홍신 주식회사 오토젠 대표이사

　　이 책은 인도에서 경영을 하고 포스코 인도 법인장으로서 성공한 비지니스맨이 인도 경영의 핵심을 밝힌 책이다. 31년 동안 인도에서 살면서 인도의 꾸준한 변화와 성장을 보며 한국 경영인들에게 알려주고 싶었던 것들이 있었다. 이 책은 바로 내가 전하고 싶던 내용을 조목조목 짚어 주었다. 깊이 있으면서 정확하다.

　　인도 사업은 인도 사람과 문화에 대한 이해, 인도 사업의 관행, 인도 사업의 흐름, 인도 사업의 가능성에 대한 항목 연구, 지역 연구, 양식 연구 등으로 분류하는데 이 책은 이 모든 항목을 충분히 만족시킨다.

인도 사업은 일반 경영 관행을 넘어서 전혀 다른 행태로 이루어져 투자자들을 당혹스럽게 한다. 본서는 저자의 충분한 인도 생활과 경영 체험을 통해 얻은 원칙들을 잘 세워 제시하고 있다. 다른 서적에서는 찾아낼 수 없는 것들이다.

저자는 거시적 시각에서 인도의 사업 흐름을 읽고 있다. 그래서 인도 사업의 흐름이 드러나고 가능한 사업 영역을 가시권에 들어오게 해준다. 그뿐만 아니라 인도에서 적절하게 반응해야 하는 지역적 특성을 가진 사업 환경과 각 주 또는 사업별로 달리 반응하는 대응 양식에 관해서는 미시적으로 접근하여 현실감 나는 제안을 한다.

기본 방향 설정에 대해 확신을 하고 투자 여건이 만족되어 인도에서 사업을 시작해도 출발점을 잡기 어렵고 발전 과정에서 수없이 시행착오를 반복할 것이다. 이 책은 그런 시행착오를 막아주는 역할을 한다. 인도에 관심이 있는 분들이 읽었으면 한다.

김도영 교수, 인도 국립 잠미야 대학교 한국학 소장

서문

　인도는 2014년 모디 정부 출범과 더불어 연간 7% 이상 경제 성장을 구가하는 세계 최고 경제성장의 엔진이 되었다. 2018년 1/4분기(4~6월)의 한국 GDP 성장률은 1% 미만이었지만 인도 GDP 성장률은 8.2%였다. 그야말로 괄목할 만한 성장세다. 이러한 고도성장은 많은 외국 기업의 인도 진출을 가속하고 있다.

　일본과 유럽을 필두로 최근 전 세계 M&A 시장을 휩쓸고 있는 중국 기업들도 인도 투자를 급속히 확대하고 있다. 한국 기업들도 최근 몇 년간은 투자를 주춤했다가 2017년 말부터 인도 진출을 위한 문을 두드리고 있다. 하지만 인도 시장은 생활 환경 및 사업 여건 면에서 사업하기가 녹록지 않다. 즉 인도 시장 특성에 맞는 진출 전략과 사업 운영 전략이 없으면 성공하기 어렵다. 2016년 이후 인도에 진출하려는 개인과 기업들에게 인도 진출과 운영에 대한 컨설팅을 해주고 있다. 이들은 인도에 대해 너무 모르고 막연하게 한국 비즈니스 스타일로 접근한다는 공통점이 있었다. 단언하지만, 인도 시장에 최적화된 디테일한 사업 전략이 없다면, 백전백패할 수밖에 없다. 15년간 인도에 근무하면서 인도에 진출했던 많은 한국 기업이 실패하고 돌아가는 사례를 보았다.

1990년 이후 인도에 관한 서적들이 많이 출간되었으나 비즈니스에 대해 체계적으로 정리된 서적이 없어 인도에 진출하려는 개인과 기업들에 많은 고충이 있었다. 이러한 개인이나 기업들에 인도 비즈니스의 길잡이가 되었으면 하는 바람에서 이 책을 집필했다. 인도에서 사업체를 설립하여 운영하면서 얻은 경영 노하우를 담았다.

내가 인도에 처음 발을 내디딘 것은 1998년이다. 포스코 싱가포르 사무소에서 근무하다가 포스코 최고 경영층의 지시로 인도로 가 뉴델리 사무소를 만들었다. 인도의 개방정책과 더불어 인도 철강 시장이 성장 지역으로 부상하면서 이 시장을 개척하기 위해서였다. 뉴델리 사무소의 주 업무는 본사 마케팅 업무를 지원하고 고객사의 클레임에 대응하는 것이었다. 나로서는 인도 시장에 대한 탐색 시기였다. 본격적으로 인도 시장에 대한 경영 노하우를 축적하기 시작한 것은 2006년에 푸네 지역에 포스코 인도 최초 철강가공센터인 POSCO-IPPC(India Pune

11

Processing Center)를 설립하면서다.

2005년 이전, 뉴델리를 중심으로 철강가공센터 설립을 몇 번 검토했지만, 사업성이 없어 포기했었다. 포스코는 2005년부터 전기강판 설비 능력을 대폭 확대하였다. 인도의 가전과 전력산업이 성장하면서 전기강판 수요가 늘어나는 것에 착안하여 전기강판을 주력 제품으로 하는 가공센터를 인도 푸네 지역에 짓겠다는 계획안을 만들어 최고 경영층에게 보고하였다. 경영층에서는 기획 입안자인 나를 신설법인 법인장으로 내보냈다.

인도에서의 법인 설립, 공장 부지 선택, 공장 건설, 설비 도입, 운영 자금 차입, 세금 납부 등 일련의 과정이 너무 복잡하고 시간이 많이 소요되었다. 한국보다 2~3배 힘들었다.

가르쳐 주는 사람도 없고 처음부터 하나하나 학습해가면서 업무를 진행할 수밖에 없었다. 내 생애 최고로 고민을 많이 한 시기였다. 하지만 이러한 어려운 과정을 극복해가면서 법인 운영의 노하우를 축적하였고 P-IPPC를 성공적으로 운영하여 가동 첫해에 해외 가공센터 중 최대 이익을 실현하였다.

푸네에 5년간 있으면서 P-IPPC의 제1공장, 제2공장, 제3공장을 건설하고 물류센터인 POSCO-ISDC를 설립하여 서부 지역 신규 항구인 디기 포트에 물류 창고를 건설하였다. 또한, 코아 전문 업체인 POSCO-TMC 합작으로 POSCO-TMC India를 설립하였다. 이들 기업은 인도 경제 성장과 더불어 비즈니스가 매년 확대되고 있다.

그리고 2008년에 향후 인도 자동차 산업의 급속 성장에 대응하는 데 본사 단순 수출로는 한계가 있음을 인지하고 푸네 근처에 자동차 강판 전문 냉연공장을 짓는 것이 필요하다는 종합 보고서를 최고 경영층에 제출했다. 이 보고서를 토대로 본사 관련 부서 간 장기간 토의를 통해 포스코 마하라슈트라(POSCO-Maharashtra)를 건립하기로 하고 2009년 건설을 시작하였다.

포스코 마하라슈트라 건설이 한창이던 2011년에 푸네에서 뉴델리에 설립되어 있던 POSCO-IDPC의 경영 정상화와 비즈니스 확대 목적으로 IDPC 쪽으로 옮겼다. 이곳에서 P-IDPC 제2공장을 건설하였다.

2013년 초에 인도에서 성과가 인정되어 임원으로 승진하여 본사 판매 실장으로 들어가게 되었다. 본사 판매 실장을 3년간 하다가 준공 후 계속 적자에 허덕이던 포스코 마하라슈트라의 경영을 정상화하라는 최고 경영층의 특명을 받고 2016년 포스코 마하라슈트라 법인장으로 인도에 다시 왔다. 이것이 인도에서의 세 번째 근무다.

포스코 마하라슈트라 법인장으로 업무를 시작하면서 포스코 마하라슈트라가 인도 철강 시장에서 수익을 창출할 수 있는 최적화된 경영 전략을 수립하여 차질없이 시행해 나갔다.

나를 비롯한 포스코 마하라슈트라 임직원의 각고의 노력과 새로운 전략이 효과가 나타났다. 2016년 적자에서 흑자로 전환했고 2017년과 2018년 천억 원 이상 이익을 내어 포스코 그룹 내 톱 7 안에 들어가는 그룹사로 자리매김하였다.

이렇게 성과를 만든 경영 노하우를 혼자 간직하기보다는 공유하는 것이 인도에 진출하려는 개인이나 기업에 조금이나마 도움이 될 것이라는 생각으로 부족하지만 이 책을 출간하게 되었다.

책의 1부는 인도에서 어떻게 사업 기회를 잡고 효과적으로 진출할 것인가에 대한 방안을 소개하는 데 초점을 맞추었다. 2부는 인도 진출 후에 법인을 효율적으로 운영할 방법과 전략을 서술하였고, 3부는 향후 인도에서 어떤 사업이 유망한가에 대해 관련 업종에 종사하는 인도 주재원과 현지 인도인 그리고 인터넷을 통해 얻은 정보를 분석하여 나름대로 의견을 제시하였다.

인도는 시장 개방 이후 많은 발전이 있었지만 아직도 열악한 환경에 처해있다. 하지만 13억 인구, 고도 경제성장 궤도 진입, 정치 안정과 기업에 우호적인 정부가 등장해 점점 매력적이고, 도전해 볼 만한 가치가 있는 시장으로 변모되고 있다.

이미 인도에 진출한 한국 대기업들은 매년 성장을 거듭하고 있다. 특히 매출 면에서 10조 원 이상으로 추정되는 삼성전자와 현대자동차는 인도 10위 내 재벌 그룹과 어깨를 견줄만하다. 하지만, 상속세 면제로 기업이 대물림되는 인도의 재벌들과 신흥 억만장자들이 엄청난 속도로 다양한 분야로 사업을 확장하고 있다. 또한, 아마존, 샤오미 등 외국 기업들이 투자를 확대하고 있다. 지금 서두르지 않으면 사업 기회가 점점 줄어들 것이다. 인도 시장에 진출하려는 한국 기업들이 속도를 내기 바란다.

PART. I
인도 시장 진출,
어떻게 하나?

PART. II
인도 법인,
어떻게 운영할까?

PART. III
어떤 사업이
인도에서 유망한가?

구름 낀 세계 경제 지평선에서 인도는
밝은 전망을 가진 국가(bright spot)다.

- 크리스틴 라가르드 국제통화기금(IMF) 총재

PART. I

인도 시장 진출,
어떻게 하나?

1. 비즈니스의 대세,
   인도

2014년 나렌드라 모디(Narendra Modi) 수상이 인도를 집권한 후, 인도 정부는 '메이크 인 인디아(Make in India)'라는 기치 아래 제조업의 부흥을 통해 경제성장을 주도해나가겠다는 정책을 수립하였다. 그리고 모디 특유의 강한 실행력으로 경제 붐(boom)을 조성하고 있다. 중국의 경제 성장모델 즉, 외국자본유치(FDI)를 통해 산업 발전과 인프라를 구축하겠다는 방향을 설정하고, 외국 기업들에 파격적인 투자 인센티브를 제공하고 있다.

현재 중국에서는 외국 기업이 사업에 성공하기가 쉽지 않다.

구글, 우버 같은 다국적 기업뿐 아니라 사드 보복으로 한국 기업들이 고통을 겪고 이마트 등 일부 기업들이 철수를 결정하고 있다. 사실 중국 정부의 자국 기업 우선주의 정책에 따라 외국 기업들이 중국 로컬 기업과 경쟁해서 생존하기가 쉽지 않다.

반면 인도는 오랜 기간 경제 민주주의의 뿌리를 잘 내리고 있으며 외국 기업에 대한 차별이 거의 없다. 자동차, 가전 등 주요 산업에서 외국 기업들이 1, 2위 브랜드로 자리 잡고 있다. 인도 국민은 이들 브랜드에 대해 거부감이 전혀 없다. 오히려 인도에서 제조되어 판매되는 브랜드를 자국 브랜드로 생각하고 있다. 자동차 산업에서 일본 스즈키(Suzuki)가 1위, 현대자동차가 2위이다. 가전 분야에서는 삼성이 1위, LG전자가 2위 브랜드로 20년 전부터 시장 쉐어를 유지하고 있다.

인도 정부는 대규모 투자 시 정부 보조금을 지급하는 등 외국 투자 기업이 빨리 정착하도록 지원을 아끼지 않는다. 모디 수상은 구자라트 주지사 시절에 외국 투자 기업에 대해 다른 주와는 달리 회사 설립, 부지 확보, 세금 감면 등의 'One-stop 투자 서비스'를 내세워 전폭적인 지원을 하였다. 그 결과 많은 외국 기업이 구자라트 주에 투자하면서 부유한 주로 등극하게 되었다. 사실 모디 수상이 구자라트 주에서 성공적인 비즈니스 모델을 만들지 못했다면, 현재 중앙 정부의 수장이 되지 못했을 것이다. 모디 수상은 구자라트의 비즈니스 모델을 인도 전역에 이식하고 있으며 집권 초기부터 GNP 성장률 7% 이상을 달성해 고도성장을 구가하고 있다.

인도는 거대 내수 시장을 보유하고 있어 여타 신흥 아시아 경제국과 달리, 내수를 성장 동력으로 삼을 수 있다. 이것이 인도가 차별화되는 점이다. 2025년경에는 구매력을 갖춘 중산층 인구가 37%인 5억 5천만 명이 될 것으로 예상된다. 그리고 2018년 경제 성장률이 7.5%로 중국을 제치고 세계에서 가장 성장률이 높은 국가로 자리매김할 것으로 보인다. 중국은 경제 성장이 쇠락하지만, 인도는 이제부터 시작이다.

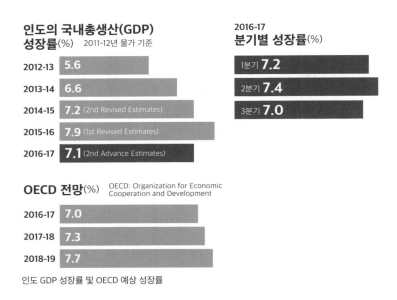

인도의 국내총생산(GDP) 성장률(%) 2011-12년 물가 기준

연도	성장률
2012-13	5.6
2013-14	6.6
2014-15	7.2 (2nd Revised Estimates)
2015-16	7.9 (1st Revised Estimates)
2016-17	7.1 (2nd Advance Estimates)

2016-17 분기별 성장률(%)

1분기	7.2
2분기	7.4
3분기	7.0

OECD 전망(%) OECD: Organization for Economic Cooperation and Development

연도	성장률
2016-17	7.0
2017-18	7.3
2018-19	7.7

인도 GDP 성장률 및 OECD 예상 성장률

현재 외국 기업 중 투자에 신중하기로 소문난 일본 기업들의 인도 투자 러시와 더불어 중국 기업들의 투자가 증가하고 있다. 반면, 한국 기업들의 인도 투자는 예전보다 주춤하고 있다. 이제 한국 기업들도 인구 13억 내수 위주 경제 구조로 급성장하는 인도 시장 진출을 서둘러야 한다. 시간이 지나면 먼저 진출한 외국 기업들이 시장을 선점할 것이고 투자 인센티브도 줄고 공장 부지 가격 상승 등 진출 비용이 대폭 증가할 것이다. 지금이 인도에 진출할 적기다.

인도 총 FDI 금액(억 달러)

2010	2011	2012	2013	2014	2015	2016	2017
348	465	342	360	451	535	600	619

모디 집권 이후 FDI가 급증하고 있음

지역별 FDI(2016년)

뭄바이	델리	첸나이	벵갈루루	아마다바드
31%	20%	7%	7%	7%

국가별 FDI(2010~2016년)

모리셔스	싱가포르	일본	영국	미국	한국(14위)
34%	16%	8%	6%	6%	0.7%(22억 달러)

모리셔스는 동 지역 경유 투자 시 TAX 면세

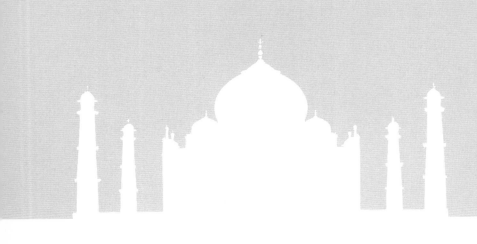

2. 인도 경제 부흥의 전사,
   모디 수상

2014년부터 인도 수상이 되어 인도 부흥을 이끄는 나렌드라 모디는 왕성한 정치 활동을 전개하여 최근 3회 전국 선거에서 15개 주 중 13개 주에서 승리하였다. 모디는 어릴 때 차(Tea)를 파는 아버지를 돕다가 후에 차 가게를 차려 운영할 만큼 힘든 유년 시절을 보냈다. 본인이 원하지 않는 사람과 중매 결혼을 시킨 부모님에게 불만을 품고 집을 떠나 2년 동안 종교센터들을 방문하는 등 인도 전역을 여행하면서 본인이 가야 할 인생의 방향을 정했다. 이후 구자라트에 귀향해 힌두이즘을 표방하는 국수주의

단체인 RSS(The Rashtriya Swayamsevak Sangh)에 가입하여 활발한 활동을 벌였다.

RSS의 핵심 멤버로 떠오른 모디는 2001년 구자라트 주 총리가 되어 2014년까지 과감한 혁신과 외국 투자 유치를 통해 구자라트 주를 경제 강주로 도약시켰다. 2014년 전국 선거에서 당시의 소냐 간디와 아들 라훌 간디가 이끄는 Congress I의 부패와 무능을 부각하며 소속 정당인 BJP가 압도적 승리하는 데 결정적인 역할을 하여 인도 중앙 정부의 수상이 되었다.

그는 수상 취임 후 인도 제조업이 성장하지 않고는 경제부흥이 어렵다고 판단하여 산업 비중이 24%에 불과한 제조업을 40% 이상으로 끌어올리기 위한 정책인 '메이크 인 인디아'를 도입하였다. 이를 위해 외국 투자 유치에 걸림돌인 규제들을 철폐하고 투자 인센티브를 확대함에 따라 외국인 직접투자(FDI: Foreign Direct Investment) 금액이 매년 증가하고 있다.

인도 역사상 누구도 손대지 못했던 화폐개혁(Denomination)과 세제개혁(GST)을 2016년과 2017년에 과감히 단행하였다. 인도 부패의 주요인으로 작용하는 지하경제를 양성화시키기 위해 전격적으로 화폐개혁을 추진한 것이다. 하지만 화폐 경색을 야기하여 단기적으로는 국민에게 불편함을 주고 경제성장을 둔화시키는 등 부작용이 있었다. 그러나 인도 국민은 부패한 자를 응징하고자 하는 그의 의도를 높게 평가하고 감내해주었다. 불편을 감수하는 인도 국민의 인내력은 우리가 상상하는 이상으로 대단하다. 또한 모디는 복잡한 세금 구조를 단순화시키기 위해 상품서비스세(GST: Goods & Service Tax)를 2017년 7월 1일부로 시행하였다. 보완할 부분이 있지만, 성공적이라고 평가되고 있다.

2017년 12월 실시된 '구자라트와 히말찰프라데시' 선거에서 라훌 간디가 이끄는 Congress I가 화폐개혁과 세제개혁으로 야기될 문제점을 농민들에게 부각하면서 약진하였다. 하지만, 여당인 BJP는 도시 주민들의 압도적 지지로 주 선거에서 승리하였다. 네루-인디라 간디-라지브 간디-소냐 간디-라훌 간디로 이어지는 간디 집안[1]과의 정치전쟁(Political war)은 계속 이어질 것으로 보인다.

정치가로서 모디의 가장 큰 강점은 뛰어난 정치 연설가라는 것이다. 그는 대본 없이 1~2시간 감동적인 연설로 사람들의 마음을 빼앗는다. 국민에게 근면, 청렴한 이미지의 정치 지도자로서 전략적 사고와 실행력이 강하다는 이미지가 각인되어 있다. 국민 신임도는 2017년까지 70% 정도였으나 최근 농민에 대한 대출 제한 등으로 50%까지 하락하였다. 정치 정적으로 부상한

---

1 간디 집안 : 자와할랄 네루(인도 초대 총리), 인디라 간디(자와할랄 네루의 장녀, 1966년 총리 취임), 라지브 간디(인디라 간디의 아들, 1984년 총리 취임), 소냐 간디(라지브 간디의 배우자, 이탈리아 출신으로 현 국민회의당 당수), 라훌 간디(라지브 간디와 소냐 간디의 아들로 현 국민회의당 사무총장)

나렌드라 모디(좌), 라지브 간디의 배우자 소냐 간디(중), 소냐 간디의 아들 라훌 간디(우)

라훌 간디의 지지율은 20%대이다. 대다수 정치 평론가들은 '모디의 시대'는 10년 이상 지속할 것이며 인도 경제를 부흥시킨 위대한 정치가가 될 가능성이 높다고 진단하고 있다.

3. 중국 시장보다
유망한 인도

    일본은 한국과 마찬가지로 2011년부터 일-인(日-印) 포괄적 경제협정(CEPA)을 체결하고 인도 투자를 계속 늘려가고 있다. 일본은 정부 차원에서 대중국 리스크를 축소하고 인도를 유망 시장으로 설정하였다. 그리고 일본 기업의 인도 진출을 돕기 위해 기반 구축을 강화해 오고 있다. 양국 정상 회담의 정례화, 외교, 안보 등을 포괄하는 정상급 협력체제를 확정하였다. 연간 12억 달러 이상의 공적 개발원조를 공여, 델리-뭄바이 산업 벨트 및 뭄바이-아마다바드 고속철 건설, 대기업의 부품 공급을

맡는 중소기업 공단 건설 등 기업들의 진출 리스크 완화와 사업
기회 제공에 노력을 기울이고 있다.

일본의 주요 공적 개발원조 프로젝트
- 델리 지하철, 델리 고속 수송 시스템, 첸나이 지하철 건설
- 델리-뭄바이 화물 전용 철도
- 델리-뭄바이 산업 벨트(Delhi-Mumbai Industrial Corridor)
  - 5년간 총 45억 달러 공공 및 민관 차관 제공 계획
- 님라나(Neemrana) 일본 기업 전용 공단 단지 및 구자라트 일본
  기업 전용 공단 조성 등
  - 일본 JETRO와 라자스탄 투자 개발과 구자라트 산업 개발 공
    사간 협약 체결 공단 조성

일본 기업들은 중국 정부의 자국 기업 우대 정책과 중국인의
조변석개하는 특유 상술 등으로 중국 시장에서 더는 들어갈 틈
을 찾지 못하고 있다. 그래서 그다음 거대 시장인 인도 시장에
서 판로를 개척하고 있다. 2016년 일본 기업의 인도 진출은 전
년 대비 6% 증가, 금액 면에서 전년 대비 77% 증가한 47억 달
러다. 투자 증가세가 뚜렷하다. 특히, 인도 내 제조업 투자 국가
중에서는 1위를 차지할 만큼 인도 제조업 분야의 선두국가로 자

리매김하였다. 일본 기업들은 향후 10년 내 가장 유망한 투자처로 인도를 지목하고 전기·전자, 일반 기계류 및 자동차 분야에 집중적으로 투자하고 있다. 반면, 한국 기업의 대인도 투자 금액은 일본의 9% 수준이다. 더욱이 일본의 주력 제조업 투자 분야는 우리와 경쟁 품목인 자동차, 전자 등과 겹치므로 우리나라 중소기업이 향후 인도에 진출했을 때, 미리 진출한 일본 기업에 비해 여러 면에서 애로사항이 있을 것이다.

2016년 기준, 인도에 있는 총 일본 기업 수는 1,305개다. 전년 대비 76개가 증가했다. 한국 진출 기업보다 2배에 달한다. 일본 무역진흥기구(JETRO)에서 발간한 인도 진출 기업 리스트를 보면 일본 기업은 인도의 총 29개 주 가운데 7개 주에 70% 집중되어 있다. 1위는 수도권 지역, 2위는 뭄바이가 주 수도인 마하라슈트라 주, 3위는 벵갈루루의 카르나타카, 첸나이의 타밀나두 주 순이다. 이는 한국 기업의 진출과 유사한 양상이다. 특이한 점은 일본의 경우 구자라트주에 300개, 웨스트뱅갈 주에 193개 기업이 진출했지만, 한국 기업은 구자라트 주에 5개, 웨스트 뱅갈 주에는 거의 없다.

구자라트는 '미니 재팬'이라는 이름으로 불릴 만큼 최근 일본 기업의 진출이 활발하다. 오는 2022년, 구자라트-뭄바이 구간 고속철이 완공되면 더욱더 일본 기업의 진출이 늘어날 것으로

인도에 진출한 일본 기업들

예상된다.

일본 진출 기업을 분야별로 살펴보면 금융보험, 도소매, 기타 서비스 등이 일반 서비스업 전체의 55%를 차지하고 있다.

Reliance Nippon, IFFOO-Tokyo General 등과 같이 일본 보험 회사가 인도 기업과 합작을 통해 전국 주요 도시에 폭넓은 영업망을 구축하고 있다. 반면 한국은 보험업 진출이 거의 없는 실정이다. 수도권, 뭄바이, 첸나이를 중심으로 신한은행, 우리은행 등이 10개 내외의 지점을 운영하고 있다.

결론적으로 일본 정부의 체계적인 지원과 인도 투자 여건 향상으로 일본의 인도 투자는 확대되고 있다. 우리 기업은 일본 기업과 여러 분야에서 경쟁할 수밖에 없다는 점을 고려할 때, 향후 인도 시장 선점 경쟁에서 뒤처질 가능성이 상당히 높다. 특히 일본 기업은 잠재성이 풍부한 구자라트 주를 중심으로 대규모 자동차 생산 공장은 물론 이륜차 생산 공장 등 핵심 산업의 투자 역량을 집중하면서 일본 기업의 허브화를 추진하고 있다. 우리 기업은 5개 사 정도만 진출해 있다.

인도 투자에 있어 한국 기업과 일본 기업의 가장 큰 차이점은 무엇일까? 일본은 산업공단 조성 등 정부의 적극적인 지원이 있다. 반면, 한국 기업은 정부 지원 없이 거의 각개진출을 하고 있어 중소기업들이 인도에 진출하기가 쉽지 않다. 또한, 일본은 대기업을 중심으로 한 선단형 진출을 통해 기업 간 시너지 성과를 도모하고 있다. 우리 기업은 중소기업 위주의 개별 투자가 많아 일본 기업에 비해 리스크가 높다.

예를 들어 일본은 제조업 진출 시 금융, 운송, 컨설팅 기업들이 함께 진출한다. 일본 기업 간 협력 생태계를 조성해 사업 초기의 리스크를 줄이는 것이다.

4. 급속하게 개선되는
   투자 규제

세계은행이 2016년 발표한 법인 설립, 부지 취득, 건축 인허가, 조세 등록 등 규제와 행정 절차 측면을 고려한 사업환경 평가에서 한국은 190개국 중 5위였다. 반면 인도는 130위다. 인도는 규제 왕국이라는 오명을 가지고 있다. 이는 중국과 달리 29개 주에서 각 주의 특성을 반영한 거대 연방정부가 독립적으로 주를 운영하고 있기 때문이다. 그런데 인도는 주마다 행정체계, 정치, 산업, 종교 등이 각양각색이다.

인도 독립 운동가이며 초대 수상이었던 네루는 독립 이후 모든 국민이 공평하면서도 최소 생계를 유지할 수 있는 인도 미래를 추구하였다. 이를 실현하기 위해 무역을 통한 교류보다는 자급 경제 체제를 정책의 기조로 삼고 반시장, 반개방을 채택하였다. 인도는 네루가 취임한 1955년 이후 과도한 보호주의 정책을 펼쳐왔다. 그 결과 관료주의와 규제만능주의가 초래되어 비효율, 비생산적인 국가로 낙인찍혔다.

산업은 공기업 중심으로 재편되었고 중소기업 보호, 공산품 수급 통제, 기술 도입 제한 등이 주요 정책으로 시행되었다. 무역은 국가에 의해 철저히 통제되었고 높은 관세 부과와 외국인 투자 제한으로 수입대체산업을 적극적으로 육성하였다. 1990년 인도 경제가 심각한 위기에 직면하기 전까지 즉, 1955~1990년의 인도의 연평균 경제성장률은 4%였다. 이를 힌두 성장률이라고 부른다.

1990년에 인도 정부의 부채가 GNP의 12.5% 점유하고 재정적자가 8.3%, 외환보유고가 바닥 수준인 5억 달러에 도달하였다. 이러한 국가 경제 위기에서 벗어나기 위해 1991년에 인도는 시장경제로의 개혁을 단행하면서 규제 철폐에 나섰다. 1991년 이후 인프라 확충 등을 위한 투자 자금 마련을 위해 공기업의 민영화를 추진하였다. 하지만 아직도 네루 시대의 잔재인 공기업이 많이 남아있다. 철강기업인 세일(Sail)과 국영항공사인 에

어인디아(Air India)가 대표적이다. 매년 대규모 적자를 내면서 인도 정부의 골칫덩어리가 되었다.

모디 정부가 출범한 이후 국영기업의 민영화와 시장 개방, 그리고 규제 철폐가 아주 빠르게 진행되고 있다. 최근 방위 산업 및 싱글 브랜드(Single Brand) 소매업까지 투자 한도가 100%로 확대되었다. 몇 분야를 제외한 전 산업에서 개방되었다.

아직 FDI 제한이 있는 업종은 월마트 등과 같은 멀티 브랜드 소매유통(51%), 보험(49%), 연금(49%), 전력유통(49%), 석유·천연가스(49%), 방송국(49%), 신문(26%), 건설(100%)이다.

모디 정부가 제조업 육성과 인프라 확충을 통한 일자리 창출이라는 목표를 달성해 나가는 데 있어 공단 부지와 도로 부지 확보가 아킬레스건이다. 이를 위해서 토지 수용을 중국처럼 강력하고 빠르게 진행하여야 하는데 토지 수용법이 몇 년째 국회에서 계류되어 있다.

인도 내 주요 공단으로 연결되는 도로와 주요 도시를 연결해주는 국도는 대부분 2차선이다. 최근에 4차선 도로가 증가하고 있지만 인도의 도로 상태는 대체로 열악하다.

인도는 기본적으로 민주주의를 표방한다. 인도인 본인들에게 토지 수용에 따른 재산적 피해가 생기면, 선거에서 바로 표로 연결된다. 야당은 이런 민심을 철저히 악용하고 있다. 이 때

문에 모디 수상도 토지수용법을 밀어붙이지 못하고 있다. 토지
수용법이 정착되면 중국처럼 빠른 속도로 도로와 공장 시설이
확충될 것으로 보인다.

인도 토지수용법 반대 시위

　인도의 제2인자인 자이틀리 재무장관은 2018년 1월 주요 언
론과의 인터뷰에서 모디 정부 출범 이후 사업 환경 랭킹이 142
위에서 100위로 상승했다면서 모디 수상이 이른 시일 내 50위
에 들어갈 수 있도록 토지와 빌딩 허가 신속화 등 가능한 한 모
든 조처를 하라고 지시했다고 밝혔다. 인도 역대 정부 중 가장

강력한 정책 추진력을 발휘하는 모디 정부가 과연 언제 이 목표를 달성할지 귀추가 주목된다.

5. 투자 지역을 결정하는
중요 요소

인도의 남북 길이는 3,214km, 동서는 2,933km이다. 주 물류 운송은 트럭과 철도인데 운송 가격이 비싼 편이다. 철강 기준으로 뭄바이-델리 U$ 54/MT, 뭄바이-첸나이 U$ 54/MT, 첸나이-뉴델리 U$ 100/MT 이상이다. 인도에 진출하여 자리를 잡은 다국적 기업들은 제2공장을 지을 때는 물류비에 따라 가격 경쟁력이 달라지는 것을 고려하여 위치를 결정한다.

인도 승용차 업체인 스즈키는 제1, 2공장이 하리아나 주에 있지만 제3공장은 구자라트 주에 있다. LG전자는 제2공장을 마하라슈트라 주, 삼성전자는 첸나이 주에 건설하였다. 포드자동차는 제1공장을 첸나이, 제2공장을 구자라트 주에 건설하여 남부와 서부를 주력 시장화하고 있다.

기아자동차가 인도에 진출한다는 소식을 들었을 때 물류비와 상권을 고려한다면 현대자동차와의 경쟁을 최소화하기 위해 서부나 북부 지역에 생산공장을 건설하는 게 좋겠다고 생각했다. 하지만, 기아자동차가 현대자동차 공장에서 200km밖에 떨어져 있지 않은 안드라프라데쉬 주에 공장을 결정해 의외라고 생각했다. 확인해보니 기존 현대자동차와의 시너지 창출이 우선이라고 판단했기 때문이었다.

주별 인구(단위: 억 명)

우타르프라데시	마하라슈트라	비하르	타밀나두	구자라트	카르나타카
2.23	1.23	1.19	0.79	0.67	0.61

중앙 정부와 주 정부 관계는 인도 정치와 경제에 많은 영향을 미친다. 따라서 중앙 정부와 주 정부가 같은 여당이면 중앙 정부가 쉽게 지원해준다. 2017년 초에 철강수입 규제인 반덤핑(Anti-Dumping)이 결정되기 전, 우리 포스코 마하라슈트라의 원활한 가동을 위해서 고급강 소재는 포스코 본사에서 가져와야 한다는 요청을 주 정부의 주지사를 통해 모디 수상에 어필하였

다. 주 정부에서 주선해 준 중앙 정부 장관을 강력히 설득한 끝에, 긍정적인 결과를 얻어 고급강 소재를 문제없이 인도에 수출하고 있다. 주별 집권당인 BJP가 정권을 잡은 주는 구자라트(Gujarat), 마하라슈트라(Maharashtra), 우타르프라데시(UP), 하리아나(Haryana), 라자탄(Rajatan)이다.

또 하나의 중요한 요소는 생산 공장이 소재한 주와 인접 주의 해당 제품 수요다. 제품 수요가 많은 지역에 소재하면, 다량의 제품을 상대적으로 낮은 물류비를 통해 경쟁력 있는 가격으로 판매해 이익이 증가할 수밖에 없다. 또한 주 정부에서 투자인센티브로 부여하는 정부 보조금(Industry Promotion Subsidy)은 주 안에서 판매할 때 발생하는 세금 SGST(9%)를 환급해 주는 방식으로 이루어진다.

프로젝트 규모에 따라 정부 보조금 규모와 수혜 기간은 달라진다. 하지만 인센티브 수요가 적은 지역은 주 정부 인센티브 효과가 작을 수밖에 없다. 포스코 마하라슈트라는 인도 중부에 있어 북부와 남부까지 판매하지만, 주력 시장은 마하라슈트라 주다.

6. 수도권이나 해안으로
　　진출하라

　　인도는 한국과 마찬가지로 삼면이 바다로 둘러싸여 있다. 중국이 처음에 해안 중심 도시부터 성장하여 내륙으로 확장했듯 인도도 장기적으로는 중국의 성장 경로를 따를 것으로 보인다. 인도는 현재 남부와 서부 해안을 낀 지역과 수도권을 중심으로 성장하고 있다.

　　남부는 현대자동차와 삼성전자 제2공장이 있는 타밀나두주, 그리고 벵갈루루가 주 수도인 카르나타카 주이다. 서부는 뭄바이가 주 수도인 마하라슈트라 주와 모디가 주지사를 했던 구자라트 주다. 수도권은 델리에서 1시간 내 접근이 가능한 하리아나와 우타르프라데시 주(LG전자/삼성전자) 그리고 일본인 공단이 있는 라자스탄 주다. 내륙에 있는 주 중 유일하게 하이데라바드가 주 수도인 텔랑가나 주에 구글, 마이크로소프트 등의 IT 기업이 진출해 있다.

동부 해안에 있는 주는 콜카타가 주 수도인 웨스트벵갈, 오딧사 주 등이 있으나 공산당의 장기 집권과 주 정부들의 후진성으로 내·외국인 투자가 활성화되지 못하고 있다. 무역 물동량도 많지 않아 해상과 육송 물류비 모두 비싸다. 외국인 기업이 진출하기에는 아직 이르다.

인도는 중앙 정부와 주 정부 체계로 구성되어 있다. 주 정부의 성향에 따라 발전 정도와 사업 여건 차이가 크다. 앞에서 언급한 주는 친기업적 성향이 강하다. 다른 주와 비교할 때, 부강한 주로 소비가 증가하여 외국 기업이 진출하며 현지 사업체를 운영하는 데 유리하다.

주 정부마다 제공하는 투자 인센티브가 다르므로 메가 프로젝트(Mega project) 급으로 진출하려는 기업은 일단, 주 정부와 협상을 통해 투자 지역을 결정하면 된다. 수도권은 투자 인센티브가 서부와 남부에 비해 크지 않고 내륙에 있다. 따라서, 한국 본사에서 소재를 가지고 와서 제품을 생산해야 하는 기업들은 구자라트 주의 칸드라 항구(Kandla Port)를 이용해야 한다. 거리가 1,300km 떨어져 있어 물류비 부담이 있다. 수출과 원 소재 물류비용의 부담을 덜고 싶어 하는 기업은 해안에 접해 있는 구자라트, 마하라슈트라, 타밀나두 주가 최적의 투자 지역이다.

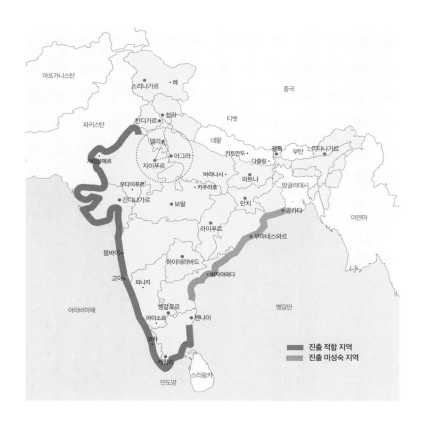

7. 투자 지역,
생활 환경을 고려하라

　인도는 아열대 기후권에 속한 매우 더운 나라이다. 인도에 거주하는 한국인은 아직 만 명이 안 된다. 주재원이 주로 많다.

　인도는 지역별로 기후와 생활 환경이 아주 다르다. 우선 델리 근방의 수도권 지역은 분지로 고온 건조하며 공기 순환이 잘 안 되어 미세먼지 지수가 높다. 겨울에는 중국 베이징보다 미세먼지 지수가 높다. 학교 휴교와 지역 내 공해를 일으키는 산업의 가동을 중단시키는 일이 비일비재하다. 한여름 기온은 45도를 넘는다. 사무실에서 밖으로 나오면 사우나에 들어가는 기분이다. 한국인 거주자는 4천 명 정도로 뉴델리와 굴가온, 노이다에 거주하고 있다. 국제학교로 세계 상위 10위 안에 들어가는 아메리칸 스쿨(American School)이 델리에 있어 학생 자녀가 있는 이들은 뉴델리와 굴가온에 주로 살고 있다.

뉴델리는 일반 주택 단지가, 굴가온과 노이다는 아파트가 주된 주거 형태다. 예전에는 기업들의 사무실이 뉴델리에 많았는데 현재는 굴가온으로 대부분이 이전했다. 굴가온은 인도의 중국 상하이 푸동이라고 불리는 곳이다. 신도시로 화려한 쇼핑몰과 한국 식당이 많이 모여있다. 인도 최고의 골프 클럽인 디엘에프 골프 클럽(DLF Golf Club, 27홀)이 거주 아파트에서 20분 거리에 있다. 최근 한국 사람들이 DLF에 회원으로 많이 가입하고 있다. 인도는 환경적으로 만만치 않은 지역이고 마땅히 즐길만한 레저가 없으며 골프 비용이 한국에 비해 상대적으로 저렴해 취미로 골프를 치는 한국인들이 많다. 굴가온에서 40분 거리에 클래식 골프 클럽이, 1시간 거리인 노이다에는 제이피 그린(Jaypee Greens)이 있다. 골프 환경은 좋은 편이다.

수도권에는 LG전자, 삼성전자, 포스코 대표법인 등 주요 기업이 있다. 인도 최대 상업 도시인 뭄바이에는 총영사관이 있으며(대사관은 델리에 소재) 한국인 거주자는 150명 안팎이다. 주로 종합상사 주재 사무실에 근무하고 있다. 뭄바이에는 주로 상업

이, 푸네에는 제조업이 몰려있다. 뭄바이는 교통지옥을 연상할 만큼 차량정체가 심하고 살인적인 월세로 유명하다. 해안 지역이라서 고온다습한 편이다.

뭄바이에서 고속도로로 3시간 정도 거리에 있는 푸네에 한국 기업이 많이 진출해 있다. 푸네대학과 심바이오시스대학에 다니는 대학생을 포함해 한국인은 500명 정도다. 푸네에서 주요 기업은 포스코, LG전자와 LG전자 벤더(Vendo), 현대건설기계(굴착기), 효성(스위치 기업) 그 밖의 중소기업들이다. 푸네는 해발 600m 고지에 있어 4~5월에 기온이 40도까지 올라간다. 나머지 10개월은 생활하기에 쾌적하다.

7~10월까지 몬순(우기) 기간이다. 공장을 건설하기에 어려운 기후라는 점을 고려해 건설 공기를 세워야 한다. 한국 식당이 없어 한국 게스트하우스에서 한국 음식을 사 먹을 수 있다. 거주지는 주로 아파트다. 질적인 면에서 한국 아파트보다 떨어지지 않는다. 골프장은 거주지에서 1시간 거리 내에 옥스퍼드 골프 클럽(Oxford Gold Club)이, 시내에 푸네 골프 클럽(Pune Golf Club)이 있다. 골프장 비용이 저렴하고 수준도 괜찮은 편이다.

남부 지역의 최대 비즈니스 지역인 첸나이는 고온다습해 적응하며 살기가 만만치 않다. 현대자동차와 자동차 부품업체(1~3차 벤더) 위주로 약 3천 명의 한국인이 거주한다. 한국 식당이 델리만큼 많아 회식과 외식하기에 좋다. 다만, 시내에 골프장이 하나 있는데 시설이 좋지 않다. 고속도로로 4~5시간 거리인 벵갈루루에 있는 도요타가 인수한 이글톤(Eagleton) 골프클럽과 최근 건설된 공항 근처에 있는 벵갈루루 골프클럽까지 원정을 하러 간다고 한다.

구자라트 주에 진출한 한국 기업은 두산중공업 발전소와 포스코 스틸 서비스 센터(POSCO Steel Service Center)가 있다. 진출한 기업이 많지 않아 한국인 거주자는 극소수이다. 델리와 마찬가지로 고온 건조하다. 힌두교 성지로 공식적으로 술은 금지되어 있다(Dry State). 외국인은 허가를 받으면 술을 먹을 수 있다. 스즈키자동차 제3공장, 포드(Ford), 타타(Tata), 지엠(GM) 공장이 가동되고 있다. 구자라트 주는 델리, 푸네, 첸나이에 이어 새로운 자동차 생산 허브로 떠오르고 있다. 스즈키가 계속 확장을 하고 일본인이 증가하여 일식당이 늘어나고 있다. 일식당은 주로 인도인들이 운영하고 있어 한국에서 먹는 일식과는 많이 다르다. 아쉬운 대로 먹을만하다.

한국 기업의 인도 진출 현황

아프가니스탄

중국

북부

- 델리 인근　삼성전자, LG전자, 현대자동차,
　　　　　　포스코 등 164개 업체
- 치토르가르　한전KPS

파키스탄

- 델리

네팔

인도

서부

- 뭄바이　포스코, 현대건설기계,
　푸네　　LG전자, 신한은행 등
　　　　　67개 업체

동부

- 안드라　　LG화학, 한전KPS
　프라데시

- 뭄바이

남부

- 첸나이　　현대자동차, 삼성전자,
　　　　　　롯데제과 등 171개 업체
- 방갈로르　LG CNS, 삼성소프트웨어,
　　　　　　CJ제약 등 12개 업체
- 이라푸람　한국라텍스

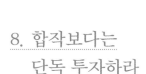

8. 합작보다는
단독 투자하라

통상적으로 기업이 외국에 진출할 때, 단독 투자에 따른 투자 리스크를 줄이기 위해 현지 로컬 기업과 합작해 투자하는 사례가 많다. 하지만, 인도에서는 현재까지 합작 투자하여 성공한 한국 기업이 거의 없다. 인도인과 한국인의 생각 차이가 크기 때문이다. 합작하는 데 있어 한국은 파트너에 대한 신뢰가 최우선이다. 하지만 인도 비즈니스맨에게는 신뢰보다는 당장 이익이 중요하다. 이들은 합작 파트너를 함께 가고 공생해야 하는 대상으로 생각하지 않는다. 빨리 본전을 뽑고 기술과 노하우를 취득한 후 헤어져야 할 상대로 여긴다. 1990년대에 한국의 많은 기업이 인도 기업과 합작했지만 다 털리고 나가거나 결별하고 단독 투자로 전환하였다. 인도에서 대표적으로 성공한 A 사도 처음에는 인도 로컬 가전사인 B 사와 합작으로 사업을 시작했는데 B 사 측에서 시도 때도 없이 이슈를 제기하고 반대를 위한 반대를 해 사업을 더 진행하기 어려워 결별했다고 한다.

인도 기업 중 기업 문화가 투명하고 합작 파트너를 존중해주는 비즈니스 그룹은 타타(TATA) 그룹과 오너 없이 퍼블릭 컴퍼니(Public Company) 형태로 운영되는 L&T(Larsen & Toubro)이다. 타타 그룹은 가족 기업으로 자동차, 철강, 호텔, IT 전 산업에 걸쳐 비즈니스를 하고 있다. 매출액은 100조 원 이상으로 한국의 삼성에 비유된다.

철강 쪽에서는 일본 신일철주금(NSSMC)과 호주 블루스코프(Bluescope)가 냉연공장과 컬러강판공장을 합작으로 운영하고 있다. 항공 부문에서 싱가포르에어, 의류는 자라(Zara), 건설 굴착기는 히타치와 합작을 장기간에 걸쳐 운영해오고 있다. 자동차 부품 전문기업인 JBM도 유럽 아시아 기업들과 합작해서 큰 마찰 없이 사업을 오랜 기간 운영해오고 있다.

합작 파트너를 찾기가 인도에서는 쉽지 않다. 통상적으로 외국 파트너가 기술력이 있고 이용할 가치가 있다고 판단하면 처음에는 굉장히 우호적이다. 모든 조건을 다 들어줄 듯이 한다. 하지만 최종 단계에 들어가면 모든 것을 본인들에게 유리하게 만들려고 해 계약 직전에 합작을 포기하는 기업이 많다.

TATA 합작 회사 모음

합작 사업을 하게 되면 철저하게 계약서에 따라 조직과 비즈니스 결정이 이루어진다. 따라서 합작 계약서상의 모든 조항을 꼼꼼히 검토해야 한다. 현지의 법률과 관행을 인도 법률 회사를 통해 조목조목 따져보는 것이 좋다. 한국과 달리 인도의 법률 회사 사용 비용은 싸다. 필자도 인도 포스코(POSCO-ISDC)라는 물류 법인을 인도 신항구인 디기 포트 내에 설립하기 위해 디기 포트 측과 합작을 협의한 적이 있었다. 합작 계약서를 작성하는 데만 3개월이 소요되었으나 상대방에 대한 신뢰가 떨어지면서 합작을 포기하고 단독 투자로 선회하였다. 상호 간 이해관계가 걸린 합작 계약서를 검토하면서 한국인과 인도인의 생각의 차이가 크다는 것을 절감하였다.

합작 사업에서 중요한 것은 투자 지분이다. 투자 지분이 26% 이하면 경영에 전혀 관여할 수 없다. 따라서 투자 지분이 26% 이하이면 합작 사업이 아니라 상대방에게 기부한 것으로 생각하면 된다. 인도 기업들은 합작할 때, 중장기적 성장보다는 단기적인 이익 실현에 얽매인다. 투자 자금을 은행 차입을 통해 조달하는데 인도 금리가 8% 이상이라 부담되기 때문이다.

일본 제2위 철강사인 JFE가 인도 내 제1위 철강기업인 JSW에 1조 원이 넘는 금액으로 지분 15% 수준을 인수했다. 무엇 때문에 지분 투자를 했는지 잘 모르겠다.

인도에서 유력 업체와 전략적 제휴를 하였으니 좀 봐주겠지 하는 생각은 금물이다. 합작하면 경영권이 누구에게 있느냐에 초점이 모이는데 인도에서는 별 의미가 없다. 26% 이상이면 합작 계약에 유리한 조건을 집어넣어 경영에 관여할 수 있다. 예를 들어 인도 파트너가 사장이면 한국 측에서 재무를 맡아 견제

할 수 있다. 만약 파트너가 합작 계약서를 어기면 법원에 형사소송이나 민사소송을 제기하여 바로잡을 수 있다.

9. 공장은
산업공단이 좋다

　인도는 광활한 땅을 가지고 있고 빈 땅이 도처에 있다. 그런데 막상 부지를 사려면 마땅한 곳이 없다고 한다. 인도는 일반 사유지를 구매하여 산업공단으로 조성하는 국영토지개발공사가 주마다 있다. 마하라슈트라 주는 MIDC(Maharashtra Industrial Development Corporation), 구자라트는 GIDC(Gujarat Industrial Development Corporation) 등이다. 인도 경제가 성장하고 부지 가격이 상승하면서 땅 주인들이 산업공단 부지 지정으로 땅을 매각하라는 정부의 통보에 불복해 법원에 소송을 제기하는 사례가 증가하면서 공단을 조성하기가 쉽지 않다.

공장을 건설하려면 산업공단 내에서 부지를 확보하는 것이 좋다. 산업공단에는 전력, 용수, 폐기물 처리, 배수로 등 공장 가동에 필요한 인프라가 구축되어 있기 때문이다. 마하라슈트라, 구자라트 등의 산업공단 부지는 95년 임차(Lease Base)로 운영되고 있으나 타밀나두 주, 안드라프라데시(AP) 주, 하리야나 주는 자가 부지(Property base)로 매각하고 있어 부지 소유권이 매입자에게 이양된다. 불가피할 경우 사유지 중 산업용 부지를 매입할 수 있는데 전력, 용수 등 인프라를 본인이 다 알아서 구축해야 하는 불편함이 있다. 예전보다는 많이 개선되었지만, 인도정부 특유의 관료주의와 부패가 남아있다. 정부 관련 부서로부터 건설, 공장 가동 인허가를 받는 데 시간이 오래 걸리고 급행료 등을 요구하는 경우가 많다. 사유지에서 공장을 건설하는 것은 공단보다 2~3배 어렵다고 보면 된다.

사유지를 구매할 때, 에이전트와 오너 말만 믿고 진행하다가는 낭패를 보기 십상이다. 전문 법률 회사에 의뢰하여 토지대장 및 공장 건설 가능 여부를 철저히 체크해야 한다. 첸나이에 진출한 현대자동차 1차 벤더 중에는 공단 부지가 부족해 사유지를 구매하여 공장을 건설한 곳이 있었다. 이때 필요한 부지보다 더 큰 부지를 구매하였다. 공장 부지를 조성하고 그 후에 들어온 2~3차 벤더사에 부지를 매각하여 돈을 많이 번 벤더들도 있다.

　토지개발공사가 제안한 부지도 완전히 부지를 매입하지 않았거나 법정 소송이 진행되고 있는 경우가 비일비재하다. 따라서 공장 후보지는 복수로 가져가는 것이 좋다.

탈레가온 MIDC에 위치한 POSCO-IPPC(포스코 푸네 가공센터)

　2006년 초, 포스코 가공센터를 뭄바이 근방에 지으려고 그 근방의 공단을 MIDC로부터 제안받았다. 하지만, 농민들이 토지 검사 업체들의 출입을 막고 토지 보상을 요구하는 바람에 포기하고 푸네로 설립 장소를 선회했다.

인도 경제의 지속 성장이 예상되므로 향후 확장과 지가 상승을 고려해 필요한 부지보다 3배 이상 확보하는 것이 바람직하다. 포스코 푸네 가공센터도 필요한 부지보다 2배 정도 더 확보하였다. 제1공장 가동 후 2년 만에 제2공장을 건설했다. 그 후 제3공장을 지을 부지가 더 이상 없어 하이데라바드에 지었다. 포스코 마하라슈트라도 20만 평 부지를 구매했는데 매입 후 계속 설비를 확장하면서 부지가 필요했다. 제2기 설비를 확장하기 위해 인근 지역 25만 평 부지 매입을 검토하고 있다. 부지 가격이 제1기에 비해 5배 이상 올랐다.

10. 공장 건설비,
절대 싸지 않다

　인도는 국민총생산(GNP)이 낮으므로 상식적으로 건설 비용
이 중국이나 한국에 비해 적을 것으로 생각하기 쉽다. 그러나
인도는 자재비와 세금이 높아 건설 비용이 많이 드는 편이다.
인도에 진출하려는 대부분 기업이 건설비를 낮게 책정했다가
비용이 너무 들어 공장을 허술하게 짓는 경우가 많았다. 이에
반해 포스코는 예산을 충분히 확보하여 글로벌 건설 표준에 입
각해 회사 이미지에 걸맞게 공장을 지었다. 공장을 방문하는 인
도 고객사와 정부 관계자들은 세련되게 디자인된 공장 건물과

최첨단 설비를 보고 대부분 깜짝 놀란다. "아, 이래서 포스코의 제품 품질이 뛰어나구나!" 하고 감탄사를 연발한다.

인도에 진출한 한국 기업들의 공장을 보면 로컬 인도 기업과 차이가 없을 정도로 허술하게 지은 경우가 많다. 건설 비용이 투자비로 처리되고, 인도에서의 감가상각 기간은 20~30년(설비: 20년, 건물: 30년)이다. 나중에 수리하는 비용을 고려하면 처음에 다소 비용이 들더라도 한국 공장 건설 품질 수준으로 짓는 것이 좋다.

인도에 진출한 한국 기업들은 인도 로컬 건설사를 활용하거나 한국 중소 건설사를 이용해 공장을 짓는다. 인도 로컬 건설사의 건설 품질은 한국 건설사보다 떨어지므로 한국 건설사를 사용하는 것이 낫다.

한국 건설사도 실제 건설 작업을 하지 않고 인도 건설 하도급 업체에 분할 발주하여 공사를 관리하는 식으로 진행한다. 설계, 토목, 철골, 벽체철, 판넬, 전기, 조경 등 부문별로 인도 공사 업체를 선정하고 공사 품질 기준대로 관리한다. 한국 건설사에 턴키(Turn-key) 베이스로 공사를 발주하더라도 감리업체 또는 공사 품질 기준을 엄격하게 관리해야 한다.

사실, 종합 관리할 능력만 된다면 건설 공정을 분할 발주하여 공사하는 것이 낫다. 이렇게 진행하면 건설 비용을 20% 정도 절감할 수 있다. 필자는 인도에서 5개 공장을 지었는데 마지막 2개 공장은 그간의 경험을 토대로 한국 건설 회사에 맡기지 않고 분할 발주하여 건설 비용을 20% 이상 절감하였다. 자력으로 분할 발주하여 건설 공정을 관리할 수 있다면 좋겠지만 인도의 건설 하도급 업체를 관리하기가 녹록지 않다. 입만 열면 거짓말로 일하기 때문에 치밀하게 관리하고 공사 진도에 따라 분할해서 대금을 지급하는 것이 바람직하다.

인도 내 공장 건설 기법 중 대세는 PEB(Pre-Engineering-Building: 힘이 많이 걸리는 부분에는 구조 부재를 크게 하고 힘이 적게 걸리는 부분에는 부재를 적게 해서 구조 부재를 효율적으로 사용하는 공법) 방식이다. 쉽게 설명하면 PEB 업체에 공사를 발주하면 PEB 업체가 철골과 천장, 벽체까지 건설해 준다. 따라서 PEB 방식을 통해 공장 건물 프레임을 건설하고 기계 기초, 바닥 등이 포함된 토목과 전기 등 나머지 것을 한국 건설사나 인도 건설사에 발주하면 된다. 인도 전국에는 현재 60~70개 정도의 PEB 업체가 분포되어 있다. 다국적 PEB 회사로는 커비(Kirby), 자밀(Zamil), 블루스코프(Bluescope) 등이 있다. 이들 다국적 PEB 회사 비용은 로컬 회사보다 다소 비싸지만, 품질이 보증되고 적기에 완공하기 때문에 다국적 PEB 회사를 이용하는 것이 좋다.

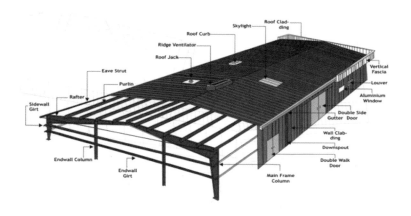

PEB 공법

인도에서 건설 기간은 한국에 비해 20~30% 정도 길게 잡아야 한다. 공사 방식이 대부분 매뉴얼로 이루어지고, 미숙련공들이 공사에 참여하기 때문이다. 공기를 줄이는 것은 공사를 부실화 시킬 수 있으므로 삼가야 한다. 공사 완공 후 하자가 많아 수리 공사가 필수적이므로 공사 하자 기간을 1년 이상으로 해야 한다.

또한, 건설 계약 시, 인도 세금을 별도로 하는 것보다 포함하는 것이 좋다. 그래야 차후에 세금 문제가 발생했을 때, 책임에서 벗어날 수 있다.

11. 공장 설비는
   수출 인센티브 제도를 이용하라

인도는 기계산업이 낙후되어 있다. 인도산 기계는 정밀도가 떨어지고 자주 고장이 난다. 인도 내에서 다국적 기업이 생산하지 않는 설비는 선택하지 말아야 한다. 따라서 기계설비를 대부분 수입하여 설치해야 한다. 이 경우 기계설비 가격 자체가 높고 수입 관세가 높아 투자금의 상당한 부분을 차지하게 된다.

인도 정부는 수출을 장려할 목적으로 생산품 일부를 수출하는 설비에 대해서 수입 관세를 대폭 축소해 주는 제도인 수출촉진용 자본재(EPCG: Export Promotion Capital Goods)를 운영하고 있다. 기계류를 수입할 때, 수입 관세는 기본 관세(Basic Duty) 7.5%+기타세(Cess) 3%+ 수입 시 붙는 부가세IGST 18%(환급)로 구성되어 있다. 총 지급해야 될 수입 관세는 28.5%이다. 물론 IGST는 설비 설치 후 제품 판매 시의 상품서비스세(GST)를 통해 정산된다. 따라서 수입할 때 지불했던 금액은 환급하는 데 시간이 오래 걸리므로 투자금에 포함해야 한다.

EPCG 라이센스를 통해 수입하면 Basic duty+Cess+IGST는 면제된다. EPCG 라이센스를 통해 절감된 금액의 6배를 최대 8년 동안 수출해서 해소해야 한다. EPCG는 설비별로 매년 수출해야 할 금액이 정해지는 당해연도에 이행할 수 없는 금액은 두 차례 연장이 가능하다. 이때, 연장 비용을 정부에 지급해야 한다. EPCG에 대한 페널티(penalty)는 총 지급해야 될 수입 관세와 이자다. 이를 인도 세무 당국에 납부해야 한다. EGCG를 담당하는 부처는 대외무역총국(DGFT: Director General of Foreign Trade)이다. 기계설비를 수입하기 전에 전문 에이전트 활용해 신청하면 된다. 대부분 큰 문제 없이 EPCG 라이센스는 발급된다.

EPCG 라이센스 활용을 통해 포스코 마하라슈트라는 기계설비 설치 비용으로 많은 금액을 절감하였다. 절감한 금액의 6배에 해당하는 금액을 해소하기 위해 수출하고 있다. 주의해야 할 사항이 있다. 내륙에 소재하면 육송 운임이 비싸다. 따라서 수출하기 어려운 지역인 델리 중심으로 한 수도권에 위치한 업체들은 EPCG 라이센스를 사용하지 않는 편이 좋다. 수출 경쟁력이 있는 해안 지역 주에 진출한 업체는 EPCG 라이센스를 적극적으로 사용하는 편이 좋다. 크레인(Crane)은 인도 다국적 기업에서 또는 인도 로컬 기업에서 생산하여 판매하고 있으나 성능과 애프터 서비스가 나쁘다. EPCG 라이센스를 활용하여 한국산을 구매하면 비용과 성능에서 만족할 것이다.

해안 지역 주에 있는 업체라도 수출할 필요가 없고 수출 수익성이 좋지 않으면, 단지 기계설비 설치 비용을 절감하기 위해 EPCG 라이센스를 사용하는 것을 권하지 않는다. 진출 업체의 수익성을 떨어뜨리기 때문이다.

12. 수입 규제와
품질 장벽 여부를 체크하라

　미국을 위시한 세계 각국의 자국 산업 보호를 위한 보호무역주의가 날로 강화되고 있다. 자국 산업을 보호하는 규제로 제일 많이 활용되는 것은 반덤핑(Anti-Dumping)과 세이프가드(Safeguard)다. 인도도 예외가 아니다. 현재 품목에 대한 반덤핑 관세가 설정된 경우 수입 시 기본 관세 외 반덤핑 관세를 지급해야 한다. 철강은 수입 최저가격(Reference Price)으로 설정되어 해당 품목을 수입할 때에는 최저가격 이상으로 수입해야 한다. 2017년 4월 반덤핑 관세 부과 이후 중국으로부터 저가 수입

재가 급속히 줄어듦에 따라 인도 국내의 철강 시장 가격이 많이 올랐다. 이에 따라 원가 경쟁력을 보유한 인도 국내 철강업체들의 경영 실적이 호전되고 있다.

인도에서 생산하는 제품이 반덤핑 부과 등으로 인도 정부의 보호를 받고 있는지, 생산하는 제품의 소재를 수입해야 하는 경우 수입 규제 대상인지를 점검해야 한다. 반덤핑 부과로 소재를 수입해야 한다면, 가격 경쟁력이 약화하더라도 인도 국내에서 소재를 구매할 수 있어야 한다. 바꾸어 생각해보면 수입 규제로 정부의 보호를 받는 품목은 저가 수입재가 들어오지 못한다. 따라서 인도 로컬 경쟁사와 품질 또는 가격으로 차별화할 수 있다면 성공할 가능성이 높다. 특히, 품목에 상관없이 전 세계 시장을 파괴하는 중국 제품이 수입 규제로 묶여있다면 인도 시장 내에 빨리 진입할 수 있다. 대체로 수익성도 좋을 것이다.

일반 품목 인증 제도로 한국에 KS가 있듯 인도에는 BIS(Bureau of Indian Standard)가 있다. 현재 철강 제품, 시멘트 등 193개 품목이 BIS 인증을 획득, 인도 국내 시장에서 거래되고 있다. 즉 BIS 인증이 없으면 인도 국내 시장에서 판매할 수 없다. 수입재는 BIS 인증 없이는 통관되지 않는다. 그런데 BIS 인증 절차는 KS 인증 절차보다 길고 복잡하다. 통상 서류 신청 후 BIS 인증 요원의 현장 실사, 최종 인증서 발급까지 1년 이상이 소요된다. BIS 사무국 내 인맥을 잘 활용하면 인증 기간을 단축할 수 있다. BIS 이외에 전기·전자는 CRS, 의료 분야와 화장품은 CDSCO, 식품은 FSSAI 등의 인증이 있다.

1개 인증만 필요한 품목이 대부분이지만 일부 품목의 경우 2개 이상의 인증을 받아야 유통할 수 있기 때문에 주의할 필요가 있다. 예를 들어 유아용 식품, 유제품의 경우 BIS와 FSSAI의 두 개 인증을 받아야 하며 의료용 X선 장비는 BIS, CDSCO, AERB 인증을 모두 받아야 한다. 전기·전자 제품의 경우 CRS(Compulsory Registration Scheme) 인증을 받는데 이 인증 작업을 수행하는 기관이 별도로 없어 BIS에서 함께 처리하고 있다.

CDSCO(The Central Drugs Standard Control Organization)는 인도내 제약, 의료기기 관련 규제와 등록 제도를 운용하는 정부 기관으로 인도 보건복지부 산하다. 인도 내 의약, 의료기기, 화장품의 수입, 제조, 판매, 유통은 Drugs and Cosmetic Act의 법령을 준수해야 한다.

FSSAI(Food Safety and Standard Authority of India)는 2006년 설립된 보건복지부 산하 단체로 인도 내에서 식품 제조, 보관, 유통, 판매, 수입과 관련해서 식품 안전을 위해 필요한 모든 절차와 규제를 담당하고 있다.

BIS 인증은 인도 국내에서 생산하는 업체보다 외국에서 수출하는 업체에 까다롭다. 철강 제품은 반덤핑 부과와 BIS 본격 시행으로 수입 제품이 많이 줄어들고 있다. 특히, 중국 철강 제품은 인도에서 시장 점유율이 미미해졌다. 반덤핑 부과의 형태인 준거 가격(Reference Price)보다 인도 시장 가격이 높아져 준거 가격이 수입재를 막는 역할을 거의 하지 못하기 때문이다. 오히려 BIS가 중국 제품의 수입을 저지하는 역할을 톡톡히 하고 있다. 중국 철강사 중 제품별로 BIS 인증을 획득한 철강사는 극소수다.

외국 업체는 BIS 인증을 획득하기가 쉽지 않다. BIS 인증을 받기 위해서는 인도 현지에서 BIS 인증 단계별로 BIS와 접촉해 가면서 세밀하게 대응해야 한다. BIS, CDSCO 등 제품 인증을 획득하면, 수입 장벽, 품질 장벽 역할을 하므로 인증이 필요한 품목이 유리하다.

13. 차입금 비중을 줄이고
자본금 비중은 높여라

통상적으로 한국 기업들은 해외 투자를 할 때, 자본금 비중을 50% 이하로 하고 투자금의 50%는 현지 차입 또는 글로벌 은행에서 차입하는 형태로 자본금을 구성한다. 하지만 인도는 은행 금리가 높고 환리스크가 크기 때문에 최대한 차입금 비중을 줄여야 한다. 인도 은행 금리가 8% 이상이어서 차입금이 많으면 금융 비용이 많아져 경영 정상화에 걸림돌이 된다.

과거에는 인도 통화인 루피의 환율이 안정적이었으나 2007년 이후 현재까지 급격한 평가절하로 달러 차입금이 높은 기업

환율 추이(U$: RS)

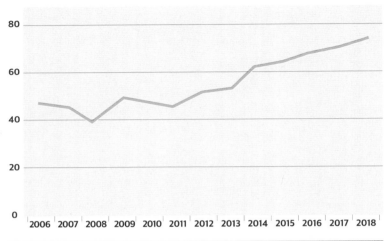

2006	2007	2008	2009	2010	2011	2012	2013	2014	2015	2016	2017	2018
45	44	39	48	46	44	53	54	61	63	66	68	72

들은 자본 잠식을 당했다.

영업 이익 창출로 환율 평가 손실을 커버할 수 없는 단계에 도달했던 것이다. 한국처럼 환헷징 비용이 적으면 선물환에 가입하여 환리스크를 줄일 수 있다. 그러나 헷징 비용이 6% 이상이어서 선물환으로 환차손을 줄이기에는 비용 측면에서 부담스럽다. 필자도 포스코 푸네 가공센터 법인장 시절에 루피 평가절하 폭이 너무 커 선물환 비중을 50%까지 높여 환 손실을 최소화한 적이 있다. 하지만, 환율은 가변적 요소가 너무 많아 환율 예측이 어렵다는 것을 절실히 깨달았다. 환율 예측은 '신의 영역'이라 결론 내리고 환율이 다소 안정되었을 때 선물환 가입을 하지 않았다.

사실 대기업은 은행에서 3~4% 수준에 달러를 차입할 수 있다. 글로벌 은행에서 차입하게 되면 리보(Libor) ± 1~2%이다. 즉, 달러 차입시 금리는 낮으나 환노출금액이 커져 환리스크가 높아진다. 필자 회사는 본사 소재 구구매시 환리스크를 최소화하기 위해 루피로 구매하고 있다. 그리고 인도 현지 소재 구매는 인도 은행에서 루피로 차입하여 대금을 지불한다. 루피를 차입할 경우 고금리로 높은 금융 비용이 발생해 소재와 제품 재고 관리를 철저하게 하고 있다.

인도에 진출하여 성공한 A 사와 B 사는 인도의 고금리와 환율 리스크를 고려하여 100% 자본금 투자를 원칙으로 하고 있다. 자금에 여유가 있는 기업은 자본금과 운용 자금(Working Capital) 외 추가 자금을 보내 인도 은행의 정기예금에 가입하면 세금을 제외하고(세금: 3%) 연 5% 이상의 금리 소득을 올릴 수 있다. 실제로 한국 투자 기업 중 이런 방식으로 회사를 운영하여 경영 정상화를 조기에 실현한 기업들이 다수 있다. 한국에서 중소형 빌딩을 구매하여 얻을 수 있는 소득이 연 3~4%라고 하는데 연 5% 이상이면 매우 큰 소득이다.

참고로 인도의 회계연도는 일본과 같은 해당년 4월~ 다음 연도 3월이다. 대기업들은 국제회계기준인 'IFRS'을 사용하고 있다. 인도 정부에 재무제표 신고는 인도 회계법에 의해 해야 하므로 재무 관련자는 IFRS와 인도 로컬 회계 기준과의 차이를 명확히 알고 있어야 한다.

14. M&A를
이용하라

　최근 다국적 기업들의 인도 기업 인수 합병이 활발해지면서 인도 인바운드 M&A 시장이 빠르게 성장하고 있다. 중소·중견 및 대기업 등 일반 기업은 물론, 사모펀드와 벤처캐피털 등 다양한 유형과 형태의 외국인 투자자들이 인도 기업과의 인수 합병을 통해 시장 진출을 서두르고 있다.

　M&A 활성화는 비단 인도뿐 아니라 최근 글로벌 시장에서 공통으로 나타나는 현상이다. 지난 몇 년간 글로벌 M&A 시장은 2000년대 중반 이후 새로운 'M&A 물결'의 시대로 진입했다

는 평가를 받고 있다. 이러한 가운데 인도가 주요 투자처로 부상하며 글로벌 M&A(Cross-boarder M&A)보다 더 빠르게 성장하고 있다. 최근 4년간 인도의 인바운드 M&A는 금액 기준으로 연평균 17% 성장했다. 특히 2016년에는 전년 대비 약 80% 성장하며 글로벌 M&A 시장 성장률(2.3%)을 압도했다.

이처럼 외국인 투자자들이 인도 시장에 진출하기 위해 M&A를 적극적으로 활용하는 것은 최근 인도의 대·내외 M&A 환경이 긍정적으로 변화된 것과 관련이 깊다.

대내적으로는 2014년 출범한 모디 정부가 '모디노믹스(Modinomics)'를 기반으로 안정적인 거시경제 환경을 조성했다. 투자 활성화에 중점을 둔 개혁개방정책을 성공적으로 추진하고 있기 때문이다. 그 결과 글로벌 저성장 기조에도 불구, 인도는 최근 4년간(2013~16년) 평균 7.2%의 비교적 높은 성장률을 기록했다. 물가 안정과 재정 적자 완화라는 성과도 거두었다. 또한 인도 정부는 '메이크 인 인디아' 등 지속가능한 성장을 목표로 한 국가 발전 핵심 이니셔티브와 함께, GST 도입, 화폐개혁 등 다양한 개혁 정책을 추진했다. 또한 M&A와 관련 있는 FDI 정책, 회사법, 증권 거래 규제, 경쟁법, 소득세법 등을 최근 수년간 지속 개정·보완해 거래 시장의 투명성과 공정성을 강화하면서 M&A 환경 및 제도를 개선하는 데 중점을 뒀다.

대외적으로는 최근 수년간 지속하여 온 저금리 기조의 영향으로 기업들의 자본조달 여력이 높아진 가운데, 글로벌 경기 침체로 M&A 시장에 저평가된 매물 공급이 확대되었다. 이로 인해 인도는 물론, 글로벌 M&A 시장이 전반적으로 활성화됐다. 무엇보다 저성장 시대 '내부적 성장(organic growth)'의 한계에 봉착한 기업들이 적극적으로 사업 다각화와 산업 및 기술 간 융·복합 현상에 대응하기 위해 M&A를 적극 활용하기 시작했다.

이처럼 인도의 대·내외 M&A 환경 및 제도가 변화되고, M&A 시장이 활성화되면서 인도의 외국인 직접투자에도 구조적 변화가 나타나고 있다. 먼저 인도의 전체 외국인 직접투자에서 M&A가 차지하는 비중이 확대되고 있다. 인도의 M&A는 최근 5년간 공장 설립형 투자보다 빠르게 증가하면서 2016년과 2017년(1~3월 기준)에 각각 29.2%, 36.4%까지 비중이 확대됐다.

이밖에 M&A 투자 업종이 과거에는 일부 노동집약적 제조업, 또는 서비스업에 집중되었지만, 최근에는 정보통신기술, 제약, 보험 등 고부가가치, 기술집약적 분야로 다각화되고 있다. 결합 형태 역시 과거 수평적 결합 일변도에서 최근 기업들의 가치사슬 강화, 신사업 및 시장 다각화를 위한 수직적, 또는 이종 간 결합이 점차 증가하고 있다. 또한 자산 거래 형태의 인수합병 증가, 중소·중견기업의 시장 참여 확대와 '스몰딜' 활성화, 사모펀드 및 벤처캐피털 유입 확대 등 다양한 측면에서 인도 M&A 시장의 구조적 변화가 나타나고 있다. 무엇보다 과거 인도 M&A 시장은 미국, 영국, 일본 등 주요 선진국을 중심으로 활성화되었다면 최근에는 아시아, 중동, 아프리카, 유럽 지역의 더욱 다양한 국가들로부터 투자가 확대되면서 특정 국가에 대한 의존도가 낮아지고 투자 원천지가 다변화되고 있다.

이처럼 인도 M&A 시장의 활성화와 구조적 변화가 나타나고 있지만, 우리 기업들은 인도 기업과의 인수합병에 소극적이다. 2000~2017년 우리 기업들이 인도 기업들과 인수합병한 사례는 8건에 불과하다. 투자 금액 역시 1억 2천 달러로 일본의 10분의 1 수준이다. 최근에는 태국, 말레이시아, 필리핀 등 아세안 주요 국가들보다도 M&A 투자 증가율이 낮다. 특히 글로벌 중견·중소·벤처 기업들이 인도 M&A 시장을 적극적으로 활용하고 있는 데 반해, 우리 기업들은 여전히 공장 설립형 투자에만 집중하고 있다. 빠르게 변해가는 시장과 기술 수요에 신속하게 대응하지 못하고 있는 것이다. 이로 인해 인도 시장에서의 영향력과 경쟁력 하락은 피할 수 없을 것이다. 현실적으로 인도 시장은 경영활동을 위해 외국 기업이 직접 용지를 확보하고 사업장을 설치하는 공장 설립형 방식의 투자로 상당히 까다로운 환경이다.

최근 인도 정부가 각종 규제를 완화하는 개혁정책을 추진하고 있지만, 여전히 경직된 노동시장과 토지수용 환경, 관료주의 및 부정부패 등으로 예측 불가한 비용이 생길 가능성이 높다. 따라서, 우리 중소·중견 기업, 그리고 벤처 기업들은 과거 공장 설립형 중심의 투자 전략에서 벗어나 비교적 적은 리스크로 효과적이고 신속하게 인도 시장에 진출할 수 있는 M&A를 적극 고려할 필요가 있다. 최근 규제가 완화되고 있거나 인터넷, 디지털, 모바일 서비스 등 신기술 분야를 중심으로 기술력과 경쟁력을 보유한 인도 기업, 또는 스타트업과의 인수합병 기회를 모색해볼 필요가 있다. 또한 기업 내부적으로 M&A 추진 역량을 강화하고, 무엇보다 안정적으로 M&A를 지원해줄 수 있는 주관사와의 긴밀한 파트너십 구축이 필요하다. 특히 기업정보 공개가 제한된 비상장 기업의 비중이 크고, 상장사 역시 기업정보 공개에 비적극적인 인도 M&A 시장에서 우리 기업들은 주관사와의 협력하에 대상 기업에 대한 정보를 더욱더 철저하게 수집하고 검증·판단할 수 있는 역량을 자체적으로 강화해야 한다.

2017년부터 모디 정부는 인도은행으로부터 막대한 차입을 통해 사업 확장을 하다가 부실화된 기업에 대해 정부 주도로 매각을 진행하고 있다. 철강, 전기·전자, 시멘트, 건설사 등 부실화된 많은 기업이 실사를 거쳐 정부 내 기업법원인 NCLT를 통해 매각이 이루어지고 있다. 2018년 하반기에 접어들면서 인수

금액이 조 단위가 넘어가는 철강기업을 필두로 일부 기업들이 새로운 오너에게 경영권이 넘어가고 있다. 인도 M&A 역사에 다시 올 수 없는 절호의 기회다. 그런데도 한국 기업들은 여전히 소극적 자세로 일관하고 있다. 향후에도 부실화된 기업이 매물로 리스트업(List-up)되어 M&A 시장에 나올 것이다. 이제 한국 기업들도 좀 더 적극적으로 인수를 검토할 필요가 있다.

PART. II

인도 법인,
어떻게 운영할까?

15. 좋은 품질로
판매망을 구축하라

한국 대기업 중 1980년 중반에 인도에 진출해 성공한 기업으로 LG전자와 삼성전자가 있다. 파나소닉 등 일본 가전업체가 이 두 회사보다 먼저 인도에 진출했으나 신모델보다는 구모델을, 현지 풀(Full) 생산보다는 조립생산 방식인 CKD(Complete Knock Down)로 사업을 운영하다가 실패했다. LG와 삼성은 진입 초기부터 신모델을 과감히 현지에서 생산했다. 그 결과 원가를 절감하여 일본 가전사보다 낮은 가격으로 시장을 장악해나갔다. BPL, 비디오콘 등 인도 로컬 가전회사도 자체 가전제품을 출시하였으나 LG전자와 삼성전자보다 품질이 떨어져 소비자에게 호응을 얻지 못하고 시장에서 퇴출당하였다.

최근 일본 가전회사들이 재진출하여 시장 진입을 노리고 있으나 브랜드 인지도 열위 등으로 한국 양사의 상대가 되지 못하고 있다. 한국 가전사들은 효과적 판매를 위해 자동차사의 딜러 형태로 인도 전역에 가전 대리점을 운영하고 있다. 생산, 재고, 판매의 효율적인 관리를 위해 SCM(Supply Chain Management: 공급망 관리) 체계를 도입하여 대리점의 판매, 재고, 구매 상황을 매일 집계해 생산에 반영하고 있다.

북부 델리 근방의 우타르프라데시 주에 진출한 LG전자와 삼성전자, 남부의 첸나이에 진출한 현대자동차는 1980년 중후반에 현지 생산을 시작하였다. 현대자동차는 인도 현지의 주 수요가 소형차인 점을 고려하여 주 생산 모델을 소형차인 '상트로(Santro)'로 결정했다. 그리고 철저하게 품질을 관리하고 생산 원가를 줄이기 위해 조립생산보다는 현지 풀 생산을 선택해 한국의 자동차 벤더와 동반 진출하였다. 상트로의 성능과 디자인에 매료된 인도 자동차 소비자들의 구매 수요가 증가해 생산 능력을 확장하여 현재 약 70만 대를 생산하고 있다.

1988년 현대자동차가 공장을 건설하기 전 방문했다가 공장 부지가 100만 평인 것을 보고 깜짝 놀랐다. 미래를 너무 낙관적으로 보는 게 아닌가 생각했다. 그러나 현재는 부지가 다 채워져 증설할 여유가 없다. 현대자동차는 전국적인 딜러망을 구축하여 자동차를 판매하고 있다. 의료침대 중소기업인 B사는 인도 전역에 판매점을 모집하고 판매 네트워크를 구축하여 고객들에게 체험 방식의 영업전략을 펼치고 체험 고객들에 대한 데이터 베이스를 만들었다. 이 데이터베이스를 바탕으로 체계적으로 고객을 개발하여 성공했다. B사는 현지 생산보다는 한국에 의료침대를 직수입하여 전국에 구축된 물류창고에 보관했다가 판매하고 있다.

포스코 마하라슈트라는 전국적인 판매 네트워크를 구축했다. 뉴델리, 푸네, 하이드라바드, 아마다바드, 첸나이에 포스코가 직접 투자한 포스코 가공센터를 활용하고 있다. 포스코 가공센터를 통해서는 주로 고급강인 자동차 강판, 가전용 강판, 전기 강판을 판매한다. 그리고 2016년에 전국에 걸쳐 일반강을 판매하는 17개 판매점을 모집하였다. 이들 판매점을 포스코 마하라슈트라 판매점으로 지정하는 계약을 체결하여 일반강도 판매하고 있다. 포스코 가공센터와 판매점을 통한 판매 그리고 고객사와 직접 계약을 체결하는 방식을 통해 판매량을 확대하여 현재 풀가동 중이다. 그리고 포스코 마하라슈트라의 설비는 인도 철강업체 설비와 달리 최신예화된 설비다. 주재원 엔지니어와 퇴직한 포스코 엔지니어들이 설비를 돌린다. 이에 따라 인도 내에서 최고 품질의 철강 제품을 생산하고 있다. 포스코 마하라슈트라 비전은 "인도 최고의 철강 공급업체(India No. 1 Best Steel Supplier)"이다. 현재 로컬 제품보다 2~3만 원 비싸게 팔고 있다.

대표적 실패 사례로는 1990년대 초에 델리 근방에 진출했던 대우자동차가 있다. 대우는 소형차보다는 중형차인 '씨에로(Cielo)'를 선택해 진입했다. 씨에로가 주 수요 차종이 아닌데다 생산 품질 관리를 제대로 하지 않아 고장이 잦아 고객들에게 어필하지 못했다. 그 당시 대규모 투자를 한 대우는 다급해진 상황에서 소형차인 마티즈를 출시하였으나 대우차 브랜드가 '트러블 카 메이커(Trouble Car Maker)'로 인식되고 평가되면서 마티즈마저 실패하고 결국 도산하였다. 인도에 진출하여 성공하려면 인도 내 기존 경쟁업체와 차별화할 수 있는 고품질 제품을 출시하고 체계화된 판매망을 구축해야 한다

16. 인도의 수입 규제
대응법

　제조업 중심의 경제성장 정책을 채택한 모디 정부가 수입 억제 및 국내 산업 보호 육성 정책을 추진하면서 인도의 보호무역 조치가 급증하고 있다. 2018년 기준으로 인도는 반덤핑 및 세이프가드 등 주요 무역구제 분야에서 세계 1위 보호무역 조치 발동 국가다. 최근에 수입 증가로 무역 수지 적자 폭이 확대되면서 루피 환율 약세가 심화하여 수입 억제를 위한 수입 규제책이 더욱 확대될 것으로 전망된다. 한국 제품에 대한 수입 규제를 하는 국가 중 인도가 33건으로 전체 수입 규제의 18%를 차지한다. 미국, 중국, 인도네시아보다 수입 규제가 심하다.

한국 제품에 대한 수입 규제 현황

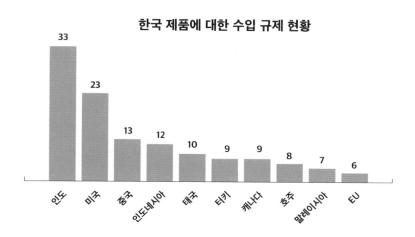

자료: WTO 통합무역정보포털과 반덤핑위원회 통계 자료를 이용해 재정리(검색일: 2017. 2. 28.)

현재 인도 정부가 집중적으로 수입을 규제하는 분야는 화학, 의약품, 기초금속, 기계 등이다. 제조업 중에서도 집중 육성하는 분야다. 인도 수입 규제의 관세 장벽은 반덤핑 관세, 세이프가드, 상계관세(countervailing duty)다. 인도 수입 규제 기관은 상공부 산하 반덤핑총국과 사전 조정을 담당하는 재무부 산하 세금 조사실이다. 반덤핑총국장은 반덤핑, 세이프가드, 반보조금 조사 후 조사 의견을 재무실 산하 세금조사실에 권고한다. 형식상의 유권 권한은 재무실 산하 세금 조사실이 가지고 있으나 대부분의 의견을 그대로 수용한다.

무역 구제 제도 유형 및 법적 근거

수입 규제 제도	관세 부과 요건	구제 방법
반덤핑 관세 (Anti-dumping duty)	- 외국 물품을 정상가격 이하로 덤핑 수입 - 국내 산업의 실질적 피해 또는 피해 우려 - 덤핑 수입과 산업 피해간 인과관계	덤핑 차액에 상당하는 반덤핑 관세 부과
상계관세 (Countervailing Duty)	- 외국 정부나 공공기관이 보조금 지급 - 국내 산업의 실질적 피해 또는 피해 우려 - 보조금 물품 수입과 산업 피해간 인과 관계	보조금 범위 내 상계관세 부과
세이프가드 (Safeguard)	- 외국 물품의 수입이 급격히 증가 - 국내 산업의 실질적 피해 또는 피해 우려 - 수입 급증과 산업 피해간 인과관계	수입 수량 제한, 관세 인상 등

✓ 국제 규범: 1994년 GATT 제 VI조(반덤핑), 제XVI조(상계관세), 제XIX조(세이프가드)
　이해 관련 WTO 협정
✓ 국내 규범: 국제 규범의 국내적 이행법률(인도 관세법: Customs Tariffs Act 1975, Customs
Tariff Rules 1995)

　　인도 정부는 수입 규제 중 주로 반덤핑제도를 활용한다. 세이프가드와 상계관세는 잘 활용하지 않는다. 반덤핑 관련 절차는 조사 신청에서 조사 개시, 조사 절차, 조사 종결, 반덤핑 관세 부과와 재심 순으로 구분되어 있다.

　　인도 국내 산업이 덤핑물품의 수입에 의해 실질적 피해를 입었다는 사실을 입증할 증거가 존재하면, 반덤핑총국에 조사 개시 신청을 할 수 있다. 그러나 청원자들의 국내 시장 점유율이 합쳐서 25%가 넘어야 한다.

　　국내 청원자가 반덤핑 조사를 신청할 경우에는 신청서에 수입 물품, 국내 산업과 국내 시장, 덤핑의 증거, 피해의 증거, 관련 증거 등을 명시해야 한다.

신청인의 반덤핑 조사 신청서가 접수된 후, 덤핑과 국내 산업의 실질적 피해가 있어야 한다. 그리고 덤핑 수입과 국내 산업의 피해 간의 인과관계가 존재하며, 이에 대한 충분한 증거가 있다고 판단하면 반덤핑 조사가 개시된다.

조사가 시작되면 피해 품목의 정상 가격과 수출 가격을 산정하고 덤핑 마진을 계산한 뒤 자국 산업의 피해액을 추정한다. 이에 근거하여 예비 판정과 잠정 관세를 부과한다. 잠정 관세는 조사 개시일로부터 60일이 경과한 후 부과할 수 있다. 부과 기간은 원칙적으로 6개월 이내이지만 관련 품목 수출자의 요청에 따라 관계 당국이 결정한 경우에는 9개월을 초과하지 않는 기간까지 연장하여 부과할 수 있다.

최고책임자는 조사절차가 끝나면 조사를 종결하고 조사 개시일로부터 1년 이내에 조사 대상 물품의 덤핑 여부를 결정하여 중앙 정부에 최종 판정 결과를 제출해야 한다. 최종 판정 결과를 입수한 후 3개월 이내에 관련 내용을 관보에 공표하면 그와 동시에 반덤핑 관세가 부과된다.

관세 부과 명령에 반대하는 항소는 명령한 날로부터 90일 이내에 관세·소비세·서비스세 항소심판원에 청원할 수 있다.

중간 심사는 관세 부과와 관련된 관련 환경의 변화로 관세 수정 및 반덤핑 관세 부과 철회가 요구될 때 반덤핑 관세 부과 1년 이후부터 요청이 가능하다.

일몰 재심은 반덤핑 규제가 5년 이상 지속할 경우 수입국은 5년을 넘지 않는 기간 이내에 반드시 규제의 타당성 여부를 종합적으로 재검토해야 하는 WTO 규정으로 만료일 이전 조사가 시작된다.

수입 규제에 대한 사전적 대응 방안은 다음과 같다.

첫 번째, 해당 품목에 대한 수입 규제 동향과 인도 국내 산업의 제소 움직임 모니터링 강화, 한국을 제외한 타 수출자로부터 수입 동향을 점검해야 한다.

두 번째, 반덤핑 제소 움직임이 감지되면. 잠재적 제소자인 인도 주요 업체를 방문하여 수출 축소 및 덤핑 가격 교정 계획 등을 설명하여 제소 계획을 철회하도록 설득해야 한다.

제소되면 변호사 등 전문가를 활용하여 신속한 대응과 조사 참여가 필요하다. 민간 업체 혼자서 대응하기에는 역부족이니 대사관을 통해 의견을 전달하고 인도 정부에 주무 부서인 상무성과 재무성의 고위직을 면담해 청원자들의 부당성 등을 설명해야 한다.

포스코 마하라슈트라처럼 소재를 수입하여 가동하는 생산

법인이라면, 일정 비율을 로컬 업체에서 구매하는 것이 수입 규제에 대비하는 좋은 방법이 될 수 있다. 포스코 마하라슈트라는 소요 소재량의 절반 이상을 에사르스틸(ESSAR) 등 현지 로컬 업체에서 구매하고 있다. 인도 현지에서 생산이 어려운 고급강 소재는 본사에서 구매하고 있다. 수입 규제 청원자인 로컬 철강업체들의 구매 상담을 위해 이들을 자주 만나기 때문에 수입 규제 문제가 발생하기 전에 조율하고 있다.

17. 외상 거래는
위험하다

한국과 일본은 신용 사회로 외상 거래를 많이 한다. 물론 한국에서 재무상태가 별로 좋지 않은 고객사는 일정 부분 담보를 확보하고 외상 거래를 한다. 부도가 나면 담보만큼의 금액은 회수한다. 하지만, 인도는 서로를 믿지 못해 외상 거래는 좀처럼 하지 않는다. 자동차와 글로벌 가전 등 대형업체는 외상 거래를 하지만 일반 인도 로컬 고객사와는 주로 현금 또는 외상신용장(Usance L/C)으로 거래한다. 통상적으로 로컬 L/C는 국제 무역 시 주거래 수단이나 거래 금액이 큰 철강, 화학산업 등에서 주요 지급 방법으로 택하고 있다.

인도 로컬 고객사를 신규 고객사로 개발하려고 상담하면, 대부분 고객사는 Open Credit 즉, 외상으로 제품을 공급해 달라고 요청한다. 이 의미는 제품 사용 후 돈을 갚지 않겠다는 것이다. 자동차사 벤더 또는 가전사 벤더들과는 자동차·가전업체를 믿고 외상 거래를 하지만 벤더사가 파산하면 재무적 책임이 없다. 따라서 리스크를 대비하기 위해 채권 보험에 들어야 한다. 다행히 인도에서 외상 거래 채권 보험률은 1% 미만이다. 비용이 높지 않아 리스크 방어 수단으로 많이 활용되고 있다. 고객사의 신용등급에 따라 신용거래금액이 결정되어 보험사에서 약정한 금액보다 실제 활용 금액이 적다.

또 다른 외상 거래 방법은 PDC 거래(Post Dated Check)다. 외상 거래를 할 때, 대금을 수표(Check)로 미리 받는데 받을 날짜를 수표에다 명기하는 것이다. 예정 날짜에 대금을 입금하지 않으면 형사소송을 당할 수 있고 감옥에 갈 수도 있어 수표에 명기된 금액은 다 갚는다. 필자는 푸네에 소재한 타타자동차 부품사로부터 외상 금액을 다 받지 못해 보험사로부터 받은 적이 있다.

공급사가 고객사에게 여신을 제공하기 위한 방안으로 채널 파이낸싱(Channel Financing)이 사용되고 있다. 공급사가 특정

은행과 협약을 통해 은행에서 공급사의 신용도를 믿고 은행 리스크로 여신을 제공하는 금융 기법이다. 포스코 마하라슈트라는 지정 판매점들에 채널 파이낸싱으로 은행을 통해 여신을 제공하여 판매량을 확대하고 있다.

인도는 한국 등 선진국과 달리 부도 제도가 없다. 한국에서는 차입금의 입금 예정일을 넘기면 자동으로 부도 처리되고, 차입자는 심한 경우 형사처벌까지 받는다. 하지만 인도는 차입자가 차입금을 갚지 않아도 부도로 처리하지 않는다. 이러한 불량 차입금을 NPA(Non-Payable Asset)라고 부른다. NPA는 인도 은행들의 재무 건전도를 떨어뜨리고 경제 활성화를 가로막는 걸림돌로 작용하고 있다.

인도 기업주들은 차입금은 자기 돈이고 갚지 않아도 된다는 사고방식이 팽배하다. 모디 정부는 이러한 불량 차입금을 해결하지 않고는 경제발전을 위한 신규 자금이 투입되기 어렵다고 판단해 인도 역사상 처음으로 기업의 부도 제도를 도입했다. 현재 행정부 산하 기업법원인 NCLT에서 에사르스틸(Essar Steel), 부샨스틸(Bhushan Steel) 등 1차로 선정된 12개 업체에 대한 기업구조조정을 진행 중이다. 일부 회사는 매각하여 새로운 오너를 찾아주었다. 많은 회사가 2~3차로 매각 절차가 진행되고 있다.

푸네에 위치한 부샨스틸 공장

대규모 자본이 소요되는 철강산업과 전력산업 그리고 건설 산업에 NPA가 집중되고 있다. 에사르스틸은 7조 원, 부샨스틸 은 6조 원 정도다. 기업 규모에 비해 부채가 엄청나게 많다. 부 채를 탕감하지 않고서는 정상적으로 이익이 발생하기 어렵다. 인도 정부는 차입금을 착복한 부샨스틸 전 오너를 사기 혐의로 체포해 구금하였다. 인도 기업들에게 경각심을 줘서 건전한 기 업 윤리를 만들 것이다.

18. 이전가격으로
거래하라

인도에서 소득세를 낼 수 있는 인구는 6.6%에 불과하다. 즉 인구의 93.4%가 소득세 면제 대상이다. 인도 세무 당국은 세수를 확보하기 위해 고액 소득자와 기업에 대한 소득세와 법인세를 높였다. 또한 외국 기업의 본사와 현지 투자 기업 간의 거래를 세밀하게 모니터링 한다. 외국 기업의 본사와 현지 기업 간 거래를 이전가격(Transfer Price) 제도로 철저하고 엄격하게 운영하고 있다. 한국 세무서에서는 이슈가 생겼을 때 무작위로 조사하는 경우가 대부분이다. 그러나 인도에서는 매년 이전가격 보고서를 세무 당국에 신고하여 심사를 받아야 한다. 본사로부터 소재와 부품을 수입하여 현지에서 조립 또는 가공·제조하여 인도 현지 시장에 판매한다면, 이전가격 제도를 따라야 한다. 이전가격 심사 기준은 본사 외 타 소싱처에서 구매한 가격 또는 현지 시장에서 통용되는 가격을 비교하는 '가격 비교법'과 인도 현지 동종 산업의 평균 영업 이익률과 비교하는 '영업 이익 비교법'이 있다. 대부분 기업이 영업 이익 비교법을 선택한다. 현지 동종 기업의 3년간 영업 이익률보다 낮으면 TP에 걸린다. 현지 투자 기업의 영업 이익을 산정할 때, 인도 정부로부터 투자 인센티브로 받는 정부 보조금 IPS(Industrial Promotion Subsidy)는 영업 이익에서 제외된다는 것을 주의해야 한다. 이전가격 신고는 회계연도 마감 후(3월) 10~11월경에 신고하고 그로부터 다음 연도에 심사를 받는다. TP에 걸렸을 가능성이 높다면 자진 신고를 해야 한다. 거짓 신고를 하면 과징금을 문다. TP에 걸리면 2017년부터 TP 법이 개정되어 본사로 이전된 이익을 본사는 현지 투자 법인에 되돌려 주어야 한다. 본사에서 이전된 이익을 송금하지 않으면, 현지 법인은 본사에 이전된 소득을 선급금(Advance)으로 간주하여야 하며 이자까지 돌려받아야 한다. 인도 TP 법은 동남아 등 여타 국가에 비교해 엄격히 운영되고 있다. 본사에서 현지 TP 법을 따르지 않으면 계좌가 동결되거나 모든 거래가 중단되는 등 강력한 제재가 취해진다. 어설프게 대응해서는 안 된다. 본사와 지사의 모든 거래는 현지 동종 기업들의 영업 이익률 등을 고려하여 정상적인 수준에서 하는 것이 바람직하다. 즉, 인도 정부를 자극하지 않는 것이 좋다. TP가 빌미가 되어 독점금지(Anti-trust) 등 좀 더 가혹한 제재가 가해질 수 있으므로 주의한다.

가산세 등 TP 리스크를 피하기 위해 한국 세무서, 본사와 인도 세무서, 지사 간 APA(Advance Price Agreement)를 체결하는 것이 좋다. 필자 회사는 TP로 인한 인도 정부를 자극할 소지를 줄이고 본사와 현지 투자자 간 정상적인 거래를 할 목적으로 APA를 추진하고 있다.

APA는 2012년부터 도입되어 시행되고 있다. 서류 제출에서 체결하는 데까지 2년 정도 소요된다. 양국 세무서 간 협상에 의해 현지 투자 법인이 본사 소재를 활용하여 창출한 영업이익이 인도 내 동종업체 영업 이익률과 비슷한 수준에서 협상이 진행된다. 따라서 본사와 인도 투자자 간 거래를 할 때는 이전가격 전문 컨설팅에 의뢰하여 도출된 목표 영업 이익률을 설정하고 정밀하게 관리하는 게 좋다.

19. 주식상장을 통한
자금 조달

　인도 내 로컬 회사와 외국계 회사들은 투자 자금을 회수하거나 추가로 확장하기 위한 투자 자금을 마련하기 위해 주식상장을 활발하게 추진하고 있다. 인도에는 아시아 최초의 증권시장으로 1875년에 설립된 뭄바이증권거래소(BSE: Bombay Stock Exchange)와 1992년에 설립된 국립증권거래소(NSE: National Stock Exchange)가 있다. BSE에는 2017년 11월 기준으로 3,887사가 상장, 시가 총액 2조 2천 2백억 달러를 기록하였고 NSE에는 1,885개가 상장되어, 시가 총액 2조 2천 3백억 달러로 평가

되었다. 인도 주식 시가 총액의 93% 이상은 상위 500개 기업이
차지하고 있다. 인도 경제 당국에 등록된 증권사는 2,000개 정
도다. 현재 7,550만 개의 증권 계좌가 개설되어 있다. 이 중 활
동 계좌는 약 5천만 계좌로 인도 인구의 4% 정도다. 이는 최근
5년간 40% 증가한 수치다.

　　주요 마켓 지수는 센섹스(Sensex)와 니프티(Nifty)다. 센섹
스는 BSE의 시장자본 45%를 대표하는 30개 회사의 주가를 반
영하고, 니프티는 BSE 자본의 62%를 대표하는 50개 회사의 주
가를 지수로 나타냈다. 주식시장을 통제하고 관리하는 기관은
1992년에 독립된 기관으로 설립된 인도 증권거래위원회(SEBI:
Securities& Exchange Board of India)다.

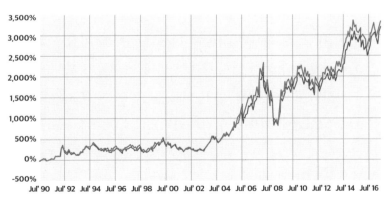

■ A - S&P BSE Sensex TR(ROI) in IN (3280.27%)　　03/07/1990 - 22/03/2017 Data from FE 2017
■ B - Nifty 50TR(ROI) in IN (3168.12%)

센섹스와 니프티 지수

인도에서 주식상장은 SEBI가 규정한 주식공개상장(IPO: Initial Public Offering) 절차에 따라 이루어진다. 먼저 SEBI는 IPO 희망 회사의 서류를 심사한다. SEBI로부터 승인을 기다리는 동안, IPO 회사는 투자 설명서를 준비해야 한다. SEBI가 승인하면 IPO 회사는 주식 가격과 주식 수를 결정한다. IPO 주가는 고정가격(Fixed Price) 또는 공모가격(Book Building) 중 하나를 선택한다. 전자는 미리 회사가 가격을 결정하여 발생하는 방식이고 후자는 공모자들에게 가격 범위를 주고 그 범위 내에서 결정하는 방식이다. 전자보다는 후자가 많이 사용된다. 공모자로부터 청약금이 오면 주식을 할당해야 한다. 마지막 단계로 주식시장에 등록해야 한다.

IPO 사전 작업으로 재무제표 설명, IPO 금액 사용 계획 등이 포함된 투자 설명서를 공모자를 초청하여 설명하는 등의 절차는 한국과 유사하다. SEBI에서 규정한 IPO 발행 주요 조건은 첫째, IPO 직전의 3년간 세전 이익이 250만 달러 이상이 되어야 한다. 둘째, 자기자본 20만 달러 이상, 셋째, 3년 간 유형자산 50만 달러 이상, 넷째, 주식발행금이 자기자본의 5배 이하여야 한다. IPO에 소요되는 기간은 통상 8~9개월이다. 한국 증권회사로는 2017년 미래에셋 증권이 뭄바이에 진출하여 인도주식 투자, IPO 등 증권과 관련한 일을 하고 있다. 향후 인도 주식시장은 인도의 고도 경제성장 지속과 이에 따른 인도 기업의 호실적, 성장 기대 및 유동성이 풍부한 매우 매력적인 시장으로 자리매김할 것이다. 2018년도는 상반기까지 90개사가 IPO를 준비 중에 있다. 이는 전년 같은 기간에 비해 27% 증가한 것이다. 2018년 상반기 발생 금액은 4조 원이다.

인도의 IPO 생태계는 앞으로 더욱더 빠른 속도로 성장할 것으로 기대된다. 앞에서 진술했듯이 인도는 금리가 8% 이상이어서 금융권 차입을 통해 신규 투자와 추가 확장을 하면 수익을 내기가 쉽지 않다. 따라서 IPO라는 좋은 자료를 잘 이용하면 경영 정상화가 조기에 달성될 것이다. 인도에서 외국 기업으로서 주식시장에 상장된 기업으로는 인도 ABB, 인도 Semens 등 많은 기업이 있다.

20. 높은 개인소득세와
법인세

　인도의 개인소득세는 다른 중진국, 후진국보다 상대적으로 높다. 연간 소득이 1천 7백만 원 이상이면 30% 이상의 세금을 내야 한다. 연간 소득은 연봉 개념이 아니다. 샐러리맨의 경우 회사에서 주는 자녀 학비, 차량 보조비, 의료비 지원 등이 포함되므로 실제 연봉보다 금액이 많다.

　예전에 인도에서 브랜치 오피스(Branch Office: 지점, 지사, 출장소) 형태로 근무했던 외국 주재원들이 소득세를 줄이기 위해 실소득을 세무서에 적게 신고했다가 1998년 하반기부터 세무

조사를 받아 곤란한 적이 있었다. 추징금까지 납부해야 했다. 소득세를 조금 줄이려다가 큰 곤욕을 치를 수 있으니 소득은 제대로 신고해야 한다. 인도 세무서는 전산화가 되지 않았지만 외국인을 아주 세밀하게 보고 있다. 특히 한국과 인도는 이중과세방지(Double Tax Prevention) 조약이 체결되어 한국에서 받는 소득도 신고해야 한다.

25만 루피 이하 (420만 원)	25만~50만 루피 (420~860만 원)	50~100만 루피 (860~1,700만 원)	100만 루피 이상 (1,700만 원)
0%	5%	20%	30%

*5백만~천만 루피(850만 원~1,700만 원) 소득자는 소득세 할증(Surcharge) 10%를, 천만 루피 이상 소득자는 15%를 지급해야 함.

인도 기업의 법인세는 교육세 등을 포함하여 34.6%로 비교적 높은 편이다. 2016년 예산 발표 시 매출액이 85억 원 미만인 중소기업에 대해서는 5%를 인하한 28.8%를 적용하였다. 중소기업은 인도 내 전체 등록 기업의 96%를 차지하며 전체 고용의 40%를 창출하고 있다.

프로젝트 오피스(Project Office) 또는 브랜치 오피스 형태로 운영되는 외국 기업은 43.2%의 세율이 적용된다. 2010년 이후 종합상사 등에서는 법인 세율 축소와 인도 세무서와의 마찰을 줄이기 위해 지사 또는 연락사무소를 법인 형태로 전환했다.

비즈니스 오너들에게 인도의 큰 매력은 상속세와 증여세가 없다는 것이다. 인도는 이탈리아 등 여타 유럽 국가와 마찬가지로 오래된 패밀리 비즈니스 그룹(Family Business Group)이 많다. 한국에서처럼 편법으로 상속할 필요가 없다. 대표적인 그룹은 연간 매출액 100조 원 이상 되는 타타 그룹이다. 설립된 지 100년 이상 되었으며 3대손인 라탄 타타(Ratan Tata)가 그룹의 총수 역할을 하고 있다.

TATA, 고드레지, 비욜라 등 100년 이상 된 기업이 즐비하다. 인도에서는 사업이 망하지 않는 한, 한 번 금수저는 영원한 금수저다. 인도 재벌의 초호화 생활은 해외 토픽으로 심심찮게 등장한다. 2013년 1월에는 프랑스 칸느에서 수백억 유로가 들어가는 어느 인도 재벌의 초호화 결혼식이 열린다는 기사가 있었다. 상상을 초월하는 사치로 해외 토픽의 단골 출연자이자 인도 최고 재벌 중 한 명인 릴라이언스 그룹 회장 무케시 암바니는 그의 아내에게 생일선물로 600억 원짜리 전용 비행기를 사주었지만, 증여세를 한 푼 내지 않았다. 그의 개인 저택을 물려주어도 상속세를 내지 않는다. 인도 사람들은 재벌들의 이러한 호화로운 생활에 대해 별 관심을 두지 않는다. 카스트 제도에서 오래 살다 보니 다른 계층의 특권에 대해 무감각해진 것 같다.

사실 1955~1985년에는 상속세가 있었다. 하지만 경제 자유화 조치의 하나로 상속세가 폐지되었다. 심각한 재정 적자를 메우기 위해 부활하려는 시도가 있었지만, 기득권 세력의 강력한 저항으로 무산되었다. 상속으로 고민하는 사업체 오너들은 인도 진출 시 회사 법인 명의로 100% 투자하는 것보다 한국 상법에 어긋나지 않는 범위 내에서 상속자 명의로 일정 부분 투자하는 것도 검토해 볼 필요가 있다.

언론에 공개된 무케시 암바니의 27층 개인 저택

21. 세금 처리를
정확하게 하라

    인도의 세금 구조는 매우 복잡하다. 따라서 처리 기준을 잘
모를 때는 KPMG, PWC, E&Y 등 회계 법인의 자문을 받아 처리
해야 한다. 인도 세무 당국은 세수 부족을 채우기 위해 특히, 외
국계 기업에 대해 세금 기준을 엄격하게 적용한다. 조금이라도
명확하지 않으면 2배에 가까운 과징금을 징수한다. 물론 부당
하다고 판단하면 법원에 과징금의 25% 정도를 예치하고 소송
을 제기하면 된다. 다만, 소송 최종 판결까지 3~4년 이상이 소
요된다.

2017년 7월 1일부로 세금 구조를 간소화하고 주간 교역을 확대하기 위해 GST를 도입하였다. GST는 CGST(중앙 정부 세금)+SGST(지방정부 세금)로 구성되어 있다. 철강을 포함 대부분 품목의 GST는 18%로 CGST (9%) + SGST (9%) 이다. 종전의 세금 구조는 Excise duty(12.5%, 중앙세)+VAT(5%, 지방부가가치세)+CST(2%, Central Sale Tax)+Entry Tax(1~2%) 등으로 구성되어 있었다. 중앙 정부에서 거두어 가는 세금이 많았으나 SGST는 중앙 정부와 주 정부 세금 비율이 동일하여 향후 지방의 경제 활성화가 기대된다. 특히 CST는 주끼리 거래할 때 발생하는 세금으로 주간 교역 확대를 방해하는 요소로 작용했다.

인도 기업들은 CST를 피하기 위해 주마다 물류창고(Depot)를 세워 현지 주에서 판매하는 형태를 취하기도 했다. 소재 등을 수입할 경우 Basic duty(5~15%)+Cess(2%)+CVD(12%)+SAD(4%)의 수입 관세를 지급했다. 수입 관세 중 CVD는 제품 생산 후 판매 시 소비세(Excise duty)로 상쇄가 가능하였으나 SAD(Special Additional Duty)는 소재 수입 후 제품 가치를 창출하여 커버할 수밖에 없는데 4% 정도의 가치를 만들어 내기가 녹록지 않았다. Cenvat Credit(세금 지급 후 상쇄하지 못한 금액)은 증가할 수밖에 없는 구조였다. 앞에서 설명하였지만, 운용 자금을 은행에서 차입할 수밖에 없는데 은행 금리가 높다. Cenvat Credit 금액이 많아질수록 금융 비용 지급이 많아진다. GST 도입에 따른 주요 세금 구조 변화 내용은 아래와 같다.

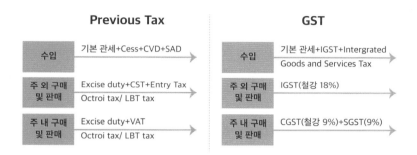

원자재를 수입하는 기업의 경우 GST 도입 후 SAD 4%만큼 제품 가격 가치를 높여야 하는 부담이 해소되어 Cenvat credit이 감소해 금융 비용 절감과 현금 흐름이 좋아지게 되었다. 철강의 경우 GST를 도입하기 전에는 인도와 한국 간 체결한 CEPA로 인해 기본 관세가 Zero, CVD 12.5%, Cess 3%, SAD 4% (Total 19.5%)였다. GST를 도입한 후 기본 관세 0%+IGST 18%로 수입 비용이 감소하고 SAD의 Cenvat credit 축소로 혜택을 받게 되었다.

22. 업무 처리 속도가
   늦은 인도인

인도 사람은 모든 사람이 철학자라 할 정도로 언변이 뛰어나며 상황 대처 능력이 탁월하다. 한국 사람이 100을 알면 30% 정도밖에 표현하지 못하나 인도 사람들은 120~130%까지 표현한다.

인도 정치인들의 정책 토론 TV 프로그램을 가끔 보는데 상대방에게 말할 틈을 주지 않고 속사포처럼 쏘아대면서 자기에게 유리한 방향으로 대화를 이끌어 간다. 연설 대본 없이 1~2시간을 이야기할 수 있어야 정치계에 입문할 수 있다고 한다.

몇 년 전에 뭄바이 총영사관이 주재하는 한·인도 기업인 모임에서 한·인도 무역 활성화를 위한 토론이 있었다. 한국 기업 참석자는 영어 말하기 실력이 인도 기업인에 비해 떨어지고 토론 문화에 익숙지 않아 의견 발표를 주저하였다. 대부분 인도 참석자가 거침없이 자신의 의견을 발표하는 것을 보고 한국 교육도 이제 주입식에서 벗어나 토론식 교육 방식이 필요하겠다는 생각을 했다. 구글, 마이크로소프트, GM 등 다국적 기업에서 인도인의 고위직 차지 비율이 점점 증가하고 있다. 반면 한국, 일본 등 아시아 지역 출신의 직원들은 두각을 나타내지 못하고 있다. 영어 실력도 한몫하지만, 인도 직원들의 뛰어난 언변과 보고 능력에 기인한다고 할 수 있다.

아시아인은 완벽히 모르면 의견 제시를 절제한다. 하지만, 인도인은 조금만 알아도 다 아는 것처럼 말한다. 따라서 말하는 것을 다 믿지 말고 진행 상황을 철저히 점검해야 한다. 그래야 낭패를 당하지 않는다. 한국인이나 일본인은 자신이 한 말에 대해서는 가급적 책임을 지고 약속을 이행하려고 노력한다. 반면, 인도인은 자신이 한 말은 반드시 이행해야 한다는 부담감을 덜 느끼기 때문에 과장해서 말하는 때가 많다. 따라서 인도 비즈니스 파트너 또는 인도 직원이 말한 것을 그대로 곧이 듣고 일을 추진하면 곤욕을 치르게 된다.

그리고 인도인에게 잘못을 지적하면, 이들은 미안하다는 말은 절대 하지 않으면서 기상천외한 변명을 늘어놓는 일이 많다. 이럴 경우 성격이 급하고 다혈질 기질이 있는 한국 사람들은 소리를 지르며 화를 내는데 오히려 화를 내는 한국 사람들을 정신병자로 취급하곤 한다. 종업원들에게는 화를 내기보다 경고장(Warning Letter)을 발송하는 것이 훨씬 효과적이다.

인도인과 비즈니스에서 구두로 약속한 것은 구속력이 없다. 반드시 서류로 작성하고 서명한다. 그래서 인도를 서류 천국이라고도 한다. 서명한 것에 대해서는 책임을 지며 지키려고 한다.

인도 회사와 품질 등 특정 이슈에 대해 회의를 통해 협의했다면 반드시 회의록을 작성하여 서명을 받아 놓아야 일이 진행된다. 인도인들의 업무 처리 속도는 우리가 상상하는 것 이상보다 늦다. '빨리빨리' 문화에 익숙한 한국 사람들은 느린 진행에 화를 낸다. 그러나 인도 전체 사회 분위기가 느긋한 쪽이므로 완료일 등을 충분히 잡는 것이 좋다. 서두르다 보면 부실 공사 또는 상대 비즈니스 파트너에게 당하기에 십상이다.

이러한 실상을 모르는 한국 본사에서는 파견된 주재원이 게으름을 피우거나 능력이 없다고 간주하기도 한다. 실제, 몇 년전 한국 중소기업의 법인장이 인도 은행의 대출금 대여 일정을 믿고 기계 설비를 한국에서 수입하여 통관료를 지급할 계획이었다. 하지만 인도 은행의 대출이 3개월 이상 지연되면서 인도 세관에 3개월 지연 할증 관세(overdue surcharge)를 지급해야 했다. 이렇게 회사에 손해를 입혀 본사로 소환된 사례도 있으니 일정을 잡을 때 주의해야 한다.

인도에서는 '한국식 밀어붙이기'가 통하지 않는다. A 사가 공장을 건설할 때, 필자가 공사 일정을 충분히 잡으라고 권고했다. 하지만 사내 건설 기준이 있어 자기 회사 식으로 조기 준공을 했다. 결국 부실 공사가 되어 후에 수리 비용이 더 많이 들어갔다고 들었다.

23. 회사에 대한 충성도,
    너무 기대하지 말라

인도는 영국 식민통치를 오랫동안 받아서 고등학교 졸업 이상인 사람은 영어를 능수능란하게 구사한다. 영어 발음은 힌디식 어조(힝글리시)이다. 하지만 초등학교 시절부터 힌디어 계열 학교에 다닌 사람들은 고졸이라도 영어를 하지 못한다.

인도에서 영어를 구사할 수 있는 사람은 전체 국민의 30% 수준이다. 한국처럼 문법 위주의 영어 교육이 아닌 작문과 말하기 위주다. 영어 계열 학교는 교과서가 영어로 되어 있어 영어 문서 작성과 독해 능력이 뛰어나다. 인도에서 영어는 제2언어지만 실제로 모든 비즈니스는 영어로 진행된다. 글로벌 기업 진출이 늘어나면서 힌디어 계열 학교도 영어를 필수 과목으로 넣고 있다. 가톨릭 계열 학교를 나온 사람들이 비교적 영어 발음이 깔끔하고 작문 실력이 뛰어나다.

여러 사람이 참석하는 회의나 콘퍼런스가 있을 경우, 반드시 인도 현지 채용 직원(이하 현채)을 동행하여야 한다. 대부분 참석자들이 심한 힝글리시로 회의를 진행하기 때문에 내용을 파악하기가 어렵다. 동행한 인도 현채에게 영어를 통역해 달라고 해야 한다. 특히, 한국에서 출장 온 사람들은 회의 내용의 50% 정도밖에 파악하지 못한다.

타타 그룹, 진달 그룹 등 대기업에 근무하는 사람들의 영어 실력은 토익 A급 이상이다. 영어권에서 유학하고 돌아온 한국 유학파도 영어 영화 청취 능력이 50~60% 수준이다. 인도에서 대학을 졸업한 사람들은 영어 대본 영화의 95% 이상을 이해한다고 한다. 인도에서 비즈니스를 하는데 영어면 충분하기 때문에 굳이 힌디어까지 배울 필요는 없다. 힌디어를 구사하면 한국인과 비슷한 인도의 북동부인, 네팔인으로 오해받을 수도 있다.

회사에 근무하는 사람들은 본인의 기술이나 노하우를 부하에게 전수하지 않는다. 부하에게는 허드렛일이나 부수적인 일을 시키고 주요 업무는 본인이 직접 한다. 따라서 직원 전체의 기술 역량이나 기획 능력 등을 끌어올리기 위해서는 회사 차원에서 교육과 훈련을 지속해서 시행해야 한다. A 상사에 근무하는 인도인 모 부장은 40년 이상 근무했다. 그는 밑에 직원에게 본인이 가진 노하우를 전수하지 않고 주요 비즈니스 파트너를 혼자서만 접촉한 것이 장기간 근무 비결이라고 자랑스럽게 말하고 있다.

인도 종업원들은 돈에 굉장히 민감하다. 금전적인 면에서 조금이라도 나은 조건을 제시하는 업체가 있으면 바로 떠난다. '정(精)의 문화'와 '평생직장' 관습에 젖어있는 우리로서는 의리 없이 떠나는 직원에 대해 분노하며 배신감을 토로하지만 감정낭비일 뿐이다. 인도 직원들에게 고급 기술이나 노하우를 전하는 것은 신중을 기할 필요가 있다. 고급 기술을 전수 하는 인도 직원은 본인의 가치가 높아진 상황을 십분 활용하여 높은 몸값을 받고 경쟁사로 이직하는 경우가 많다.

인도 경쟁사에서는 고급 기술을 습득한 우리 직원을 스카웃하기 위해 혈안이 되어 있다. 기술 유출을 최소화하기 위해 다소 급여가 높더라도 본사에서 퇴직한 기술자들을 채용하여 활용하고 있다. 경영, 마케팅, 재무부서에서 근무하는 직원뿐 아니라 핵심 기술을 어느 정도 보유한 인도 현채들은 구직사이트에 본인을 등록시키고 좀 더 나은 급여와 근무 조건으로 이직할

준비를 항상 하고 있다. 구직사이트 등에 등록한 직원들의 동향을 수시로 파악하고 핵심 인력에 대해서는 특별 보너스와 승진 등의 회유 방안을 강구하여 경쟁사로의 유출을 막아야 한다. 직원들이 갑자기 휴가를 신청하면 면접을 보러 가는 경우가 많으므로 유의해서 살펴볼 필요가 있다.

인도 육사를 졸업하고 인도 군대에서 장교로 예편한 팀장급 직원이 있었다. 군인 출신이라 회사에 대한 충성도가 강할 것이라고 판단하여 회사의 중요한 포지션을 맡겼다. 어느 날 갑자기 부인이 암에 걸려 부인이 있는 콜카타에 가서 병시중을 해야한다며 6개월 정도 정직 휴가를 내겠다고 했다. 어쩔 수 없이 허락하였다. 휴가 후, 1개월 정도 지난 시점에 인도 로컬회사 인사팀장이 친구인 우리 인사팀장에게 장교 출신인 그 직원이 자기 회사에서 근무한다는 소식을 전했다. 믿을 수 없어 그 사람의 사진을 찍어 보내 달라고 하였다. 확인해보니 장교 출신 팀장이었다.

인도 로컬 회사와 우리 회사를 비교하여 최종 근무지를 선택할 계획이었는데 의도가 탄로가 나서 우리 회사에서 사직한 사례도 있다. 인사 관리를 세밀하게 하지 않으면 낭패 보기 쉽다.

24. 인력을
현지화하라

인도 인력은 영어를 구사할 수 있고 지능적인 면에서도 다른 아시아 국가에 비해 우수하여 인력의 현지화가 용이한 편이다. 하지만, 앞에서 서술하였듯이 업무 진행 속도가 느리고 책임감 과 충성도가 약한 점을 고려해야 한다. 인도에서 LG전자의 성 공신화를 만들어 낸 김광로 사장은 "인도 비즈니스의 성패는 인 력의 현지화를 얼마나 잘 정착시키느냐에 달려있다"고 말했다. 그 정도로 현지화는 중요하다. LG전자와 삼성전자 모두 초기에 는 현지화를 통해 인도 현지인에게 권한과 책임을 많이 부여하면서 본사에서 파견되는 주재원 수를 줄였다. 하지만 여러 부작용이 속출하였다. 현재는 현지인에게 권한을 부여하되 중요 결정 사항은 주재원이 하고 있다. 현지인에게 위임한 업무 진행 상황도 철저히 모니터링 한다.

한국에서 파견된 소수의 주재원이 모든 일을 다 할 수 없으므로 현지인에게 승진을 통한 권한 위임은 불가피하다. 다만 전체적인 업무 프로세스와 체계 그리고 권한의 한계와 책임을 명확히 해야 한다. 즉 한국에서처럼 모든 업무가 체계적으로 이루어질 수 있는 시스템을 갖추어야 한다. 또한 모든 업무가 차질 없이 정확하게 이루어지는지 확인하는 모니터링 제도를 갖추어야 한다. 인도는 부패지수가 상당히 높다. 인도에 진출한 모 기업에서 2000년 초 현지 부장이 수십억 원을 교묘한 수법으로 횡령한 사건이 발생해 인도 법인장이 해고되었다. 인도 현지인들은 능력은 있으나 신뢰 면에서 문제가 있다. 이를 보완하기 위해 필자 회사를 포함한 인도 진출 대기업들은 인도 대학을 졸업한 한국인 또는 한국에서 직접 신입, 경력 사원을 채용하여 리스크가 발생할만한 포지션에 배치하여 관리하고 있다.

필자는 인도인들의 약점을 보완하기 위한 네 가지 근무 방침으로 "Speedy(신속하게)" "Tenaciously(악착같이)" "Creatively(창의적)" "In detail(세밀하게)"을 강조한다. 교육과 훈련을 통해 이 근무 방침을 인도 종업원에게 전하고 있다. 또한 매월 실적을 분석하고 새로 계획을 수립하는 사운영회의(Monthly Review)를 개최하여 주재원과 인도 핵심 인력이 정보를 공유하고 회사 경영에 대한 공감대를 만들어 가고 있다. 사운영회의를 통해 잘한 점은 칭찬하고 미진한 일은 반성하고 토론을 통해 해결 방안을 강구한다. 2018년부터는 현지 직원들에게 업무에 대한 책임감과 미세관리를 위해 정보시각화를 이용한 생산관리 시스템(Visual Management System)을 도입하였다. 사무실에 디지털 대시보드(Dashboard)를 설치하여 소재·제품 재고, 외상매출 채권, 차입금, 관세면제 라이센스 이행 사항, EPCG 이행 사항 등을 매일 게시하여, 직원들이 경각심과 책임감을 느끼게 하고 있다. 문제 되는 이슈는 빨간색으로 표시하고 관련 담당자와 책임자에게 문제 해결 방안을 제시하라고 요청한다.

아시아 회사 중 인도에 진출하여 인력 현지화를 가장 성공적으로 한 회사는 마루티 스즈키(Maruti Suzuki)다. 마루티 스즈키는 애초 인도 정부와 50:50으로 설립되었다. 처음부터 모델 개발 등 기술 부문은 스즈키가 구매, 마케팅, 경영기획 부문은 인도가 헤게모니를 가지고 운영했다. 그러다가 2000년대 들어서면서 공기업의 민영화 계획에 따라 정부 지분을 스즈키에게 전부 매각하면서 스즈키가 경영권을 장악하였다. 스즈키가 경영권을 장악한 후에도 기술 부문은 일본인이 주이지만 구매, 마케팅 부문은 인도 현지인이 주도하는 방식을 고수하여 인도 내 자동차 회사 중에서 최고의 성장을 보여주고 있다.

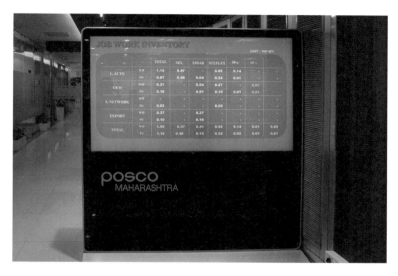

포스코 마하라슈트라 푸네 사무실에 설치된 대시보드

스즈키 본사보다 생산 규모가 커진 마루티 스즈키는 R&D 강화를 통한 신모델 개발 및 출시 속도가 인도에 진출한 여타 자동차 회사보다 빠르다. 또한 강력한 딜러망을 구축하여 연간 170만 대의 규모를 생산하며, 생산성 실현 및 수익성이 확대되어 사내 유보금이 계속 증가하고 있다.

    JCB, 지멘스(Siemens), ABB 등 유럽계 회사들의 인력 현지화는 굉장히 빠른 속도로 진행되었다. 이들은 수십 년간 글로벌화를 추진해오면서 얻는 노하우를 시스템화하였다고 한다. 현지인에게 권한을 위임하되 감사 기능을 강화하고 중요한 의사결정은 유럽 본사에서 한다.

25. 수출에 많은 혜택을 주는
   인도 정부

　인도는 내수 중심의 경제 구조로 수출 비중이 20% 정도
에 불과하다. 적정 규모의 외국인 직접투자(FDI: Foreign Direct
Investment) 유입이 없으면 무역수지 적자가 심화할 수밖에 없
다. 따라서 인도 정부에서는 수출을 장려하기 위해 혜택을 부여
한다. 그러나 GST를 도입하면서 혜택을 축소하여 구자라트, 뭄
바이, 첸나이 등에서 무역을 주업으로 하는 무역상이 심하게 반
발하고 있다. 최근 실시된 구자라트 주 선거에서 BJP는 국회의
원 의석이 줄어든 반면 야당인 Congress I는 약진하였다.

첫 번째 혜택은 수출용 소재에 대해서는 무관세로 수입할 수 있다는 것이다. 인도 정부 내 대외무역총국에 신청하여 진행할 수 있다. 수출용 자재를 수입할 때, 어드밴스 라이센스(Advance License)를 세관에 제출, 통관하여야 한다. 어드밴스 라이센스는 신청 후 10~15일 내에 발급된다. 수출을 완료한 후, 수출 상세 내역을 DGFT에 제출해야 한다.

포스코 마하라슈트라는 일반강 수출용 소재를 주로 중국 철강사로부터 어드밴스 라인센스를 활용하여 무관세로 수입하고 있다. 한국과 일본 철강 제품은 인도와 포괄적 경제동반자 협정(CEPA: Comprehensive Economic Partnership Agreement)이 체결되어 무관세로 수입할 수 있기 때문이다. 하지만 중국과는 CEPA 협정이 되어 있지 않아 철강 관세를 12.5% 내야 한다. 어드밴스 라이센스로 수입한 소재는 수출용으로 사용해야 한다. 내수로 전환하면 과징금이 부과되므로 주의한다.

두 번째는 인도 상품 수출 계획(MEIS: Merchandise Exports from India Scheme)으로 본선 인도(FOB: Free On Board) 가격의 2%를 정부로부터 환급받는다. 수출 송장(Export Invoice)에 MEIS로 수출된다는 내역을 명기해야 한다.

세 번째는 수출 목적 자본재 관세 면제(DFIA: Duty Free Import Authorization)다. 소재를 인도산 또는 어드밴스 라이센스를 사용하지 않고 수입한 수입 소재를 차 공정 제품으로 만들어 수출할 경우, 제품 수출 금액의 80%에 해당하는 금액만큼 소재를 수입할 때, 기본관세(Basic Duty) 금액을 면세해 준다. 또한 DFIA·MEIS는 시장에서 2~3%를 커미션을 주고 매각할 수 있다. 다만 MEIS의 만기일이 라이센스 발급일로부터 24개월인데 비해 DFIA는 12개월이다.

인도에서 수출하면, 벌크 선박과 컨테이너 선박을 주로 이용한다. 벌크와 컨테이너 해송 비용은 수출량이 많지 않아 한국보다 비싼 편이다. 하지만 태국, 말레이시아 등 동남아 쪽으로 운항하는 컨테이너 선박 비용은 싸다. 동남아 국가로부터 컨테이너를 통한 수입 물량은 많으나 동남아로 수출되는 수량이 많지 않아 빈 컨테이너로 회항하기 때문이다.

인도의 수출 주요 항구는 구자라트 주의 칸들라 항구, 뭄바이 항구, 첸나이 항구가 있다. 현재 수출과 물동량이 많아 선박이 체증되는 체선이 심하다. 신항구 개발은 시간이 오래 걸리므로 주요 항구들의 체선 문제는 단기간에 해결되기 어려울 것이다. 그런 점에서 인도에서의 항구 사업은 유망하다고 할 수 있다. 항구 사업이 주력 사업인 아드바니 그룹은 이러한 물동량 증가와 항구 부족으로 비즈니스가 매년 급성장하고 있다.

닛산, 현대, GM 등 글로벌 자동차사는 인건비가 저렴한 인

도를 자동차 생산 수출 기지로 활용하고 있으며 매년 생산량이
증대하고 있다.

26. 부당한 일이나
   행정 조치를 받으면 소송하라

　　인도 세무서와 세관은 조금이라도 의혹이 있거나 문제가 있으면 징벌적 과세를 한다. 부당한 조치를 받으면 바로 소송을 제기해야 한다. 인도의 사법부는 대법원(Supreme Court), 고등법원(High Court), 하급법원(Lower Court)으로 구성되는 3심제다. 고등법원은 일반적으로 주마다 1개씩 있다. 대표적인 하급 법원인 지방법원(District Court)은 디스트릭 당 1개씩 있다. 또한, 조세 문제를 전문적으로 취급하는 하급법원인 트리번널(Tribunal Court)이 있다.

조세 문제의 1차 법원은 트리번널 법원이고 상급법원은 고등법원이다. 그리고 2016년 12월에 M&A 구조조정 등 회사법을 취급하는 고등법원 업무가 행정부 산하 기업법원(NCLT)으로 이관되어 회사 관련 분쟁, 합병 등의 절차가 간소화되었다. 사법부의 독립은 대체로 잘 지켜오고 있으나 시스템이 낙후되고 인력이 부족해 심리 지연 문제가 심각하다. 2015년을 기준으로 5년 이상 계류 중인 사건이 430만 건 이상이다. 이에 대법원은 사건 처리의 데드라인을 설정하여 하급법원들에 이를 준수할 것을 명령했다. 다행히 정부와 대법원은 사태의 심각성을 인지하고 개선의 노력을 다하고 있다. 2017년 5월 대법원은 종이 없는 (Paperless) 법원을 만들기 위해 '통합판례시스템'으로 명명된 사법전산화 작업에 착수할 계획을 밝혔다. 법원 입장에서는 각종 번잡한 서류 처리 업무를 줄이고 디지털화된 법률 자료를 활용할 수 있기 때문에 소송 지연 문제가 대폭 개선될 것으로 예상된다. 소송 당사자 입장에서도 온라인에서 소송 절차를 수행하고 그 처리를 실시간으로 확인할 수 있다. 그런 점에서 편리성과 사법 서비스 접근성이 향상될 것이다. 소송을 제기하려면 범칙금의 일부(20~30%)를 예치하고 법률법원 사용료를 내야하기 때문에 금전적으로 부담이 된다.

또한 위에서 설명하였듯이 최종 판결까지는 장시간이 소요되기 때문에 인내심을 가지고 대응해야 한다. 따라서 세무서, 세관 등이 의혹 제기를 하면서 조사나 심사를 할 때 컨설팅사 또는 정부 내 구축된 인맥 등을 통해 적극적으로 해명하여야 한다. 인도에 진출한 한국 대기업들은 조직 산하에 법무부서를 두고 대정부 소송과 인도 직원들의 노동소송 등에 대응하고 있다. 인도의 변호사 사용료는 저렴한 편이지만 파트너급 변호사가 소송에 참여할 때에는 비용이 적지 않게 든다.

필자 회사가 소송을 제기하여 승소한 사례와 진행 중인 사례를 소개하고자 한다.

첫 번째 케이스는 인도 세무서에서 포스코 마하라슈트라가 투자 인센티브로 매년 환급받는 IPS(Industry Promotion Subsidy)에 대해 내국 거래세인 소비세(Excise duty)를 부과한 것이다. 세무서의 주장은 IPS가 거래를 통해 환급되므로 소비세를 내야 한다는 것이다. 세무서에서 이런 내용을 통보받은 후 세무서 자체 위원회에서 최종 심사를 할 때 2개의 유명한 컨설팅사를 동원하여 위원회 위원들을 설득해 소비세를 내지 않는 것으로 결론이 났다.

두 번째는 필자가 포스코 델리 가공센터 법인장 시절에 있던 일이다. 인도 세관에서 수입 관세 중 특별 추가 관세(SAD: Special Additional Duty)를 부가가치 창출이 어려운 무역 업종의

인도 대법원

경우 수입한 물건을 다 판매하여 환급을 신청하면 되돌려 주어
야 했다. 그러나 여러 가지 이유를 대면서 환급을 거절하였다.
소송을 제기하여 고등법원까지 가서 승소하여 끝날 줄 알았다.
그런데 세관은 항소했고 결국 대법원에서 승소 판결을 받았다.
최종적으로 20억 원을 인도 세관에서 돌려받았는데 소송 제기
에서 최종 판결까지 4년 정도 걸렸다.

27. 인도에서의
비즈니스 에티켓

　인도에는 수천 년 동안 내려오는 전통문화를 기반으로 한 에티켓과 영국식 에티켓이 혼재해 있다. 다소 보수적이면서 격식을 중시하는 문화다. 따라서 한국에서와 유사한 수준의 에티켓만 지켜도 인도에서 비즈니스를 하는 데 큰 무리는 없다. 다만 인도인만의 특별한 에티켓을 미리 알아두면 불필요한 오해를 줄일 수 있다.

■ 일반적 사항

• 한국처럼 경로사상이 강해 나이와 직책 등에 따른 서열 문화가 존재한다. 연장자에게 예의를 갖추는 것이 좋다.

• 아직 사회 전반에 걸쳐 가부장적인 질서가 강하게 남아 있다. 가정, 직장, 학교 등에서 아버지, 상사, 선생님 등 지위 등이 높은 사람을 중심으로 한 수직적인 문화가 일반적이다.

• 카스트 제도는 공식적으로 폐지되었지만, 여전히 인도인의 의식을 지배하고 있다. 타인의 카스트를 자신의 카스트와 대비하여 의식하려는 경향이 강하다. 또한, 하위 카스트들과 신체 접촉은 오염으로 받아들이는 정서가 있어 직간접적인 신체 접촉은 피하려 한다.

• 남존여비 사상이 여전히 남아 있다. 여성에게는 좀 더 엄격하고 보수적인 잣대가 적용되는 편이다. 특히 옷차림이나 행동에 제약이 있어 노출이 심한 옷은 피하는 것이 좋다.

■ 약속 잡기

인도인은 시간 엄수를 높이 평가하지만 스스로는 잘 실천하지 않는다. 인도인과의 약속은 언제든지 바뀔 가능성이 있다는 것을 염두에 두고 스케줄을 유동성 있게 잡을 필요가 있다. 약속하고 마음의 부담 없이 1~2시간 전에 약속을 취소하거나 변경하는 경우가 비일비재하니 항상 대비하는 것이 좋다. 약속을 지키지 않았다고 비난하거나 화를 낼 필요가 없다. 정치인, 고위 공무원, 비즈니스맨 등 직위 고하, 신분과 관계없이 약속을 잘 지키지 않는다. 따라서 약속을 잡아놓고 급한 일이 생겼을 때, 상대방에게 1~2시간 전에만 알려주고 약속을 파기하는 것은 부담 갖지 않아도 된다.

인도 공무원과 경영층은 오전 11시에서 오후 4시 사이에 약속 잡는 것을 선호한다. 인도 회사의 근무시간은 통상 9시~5시, 점심시간은 1~2시다. 이를 유념하여 약속 시간을 잡는 것이 좋다.

필자가 포스코 푸네 가공센터 법인장 시절에 있던 일이다. 벵갈루루 지역의 신규 고객을 개발하기 위해 고객사 사장과 오전 11시 미팅을 하기로 하고 아침 일찍 비행기를 타고 신규 고객사 공장을 방문하였다. 그러나 사전에 통보하지도 않고 개인적으로 급한 일이 생겨 미팅 참석이 어렵다는 말을 사장 비서를 통해 들었다. 참으로 황당했지만 이런 상황은 인도에서 언제든지 발생할 수 있다고 위로하면서 돌아온 적이 있다. 그 이후 그 고객사와 계속 접촉하고 상담해 계약이 성사되었다. 현재 포스코 가공센터의 주요 고객사다.

■ 대화

인도인은 다양한 주제로 대화하는 것을 즐긴다. 비즈니스 미팅을 할 때도 가벼운 잡담으로 회의를 시작하는 것이 일반적이다. 인도인은 개방적이고 우호적이며 서구에 비해 사생활에 대한 관념이 낮은 편이라 사적인 질문을 하는 경우도 있다. 대가족 문화가 발달한 커뮤니티의 특성상 인도인은 가족과 개인의 생활에 대해서 서로 이야기하는 것이 일반적이다. 심지어 가족에 대해 자주 물어보는 것을 우호의 표시로 해석하기도 한다.

인도인은 대화하다가 앞이나 옆으로 고개를 흔들거나 8자형으로 빠르게 고개를 움직이기도 한다. 이는 부정의 표현이 아니다. "당신의 말을 이해한다"라는 것으로 받아들여야 한다. 우리가 고개를 위아래로 끄덕이는 것과 같다고 보면 된다.

■ 피해야 할 주제

종교에 관해서 논하는 것은 가급적 피한다. 하지만 종교가 그들의 일상에 매우 깊게 뿌리박고 있기 때문에 특정 종교의식에 대한 순수한 질문은 환영받을 수 있다.

대부분 국민이 파키스탄을 적국으로 간주하고 있으니 이와 관련된 주제는 피하는 것이 좋다. 많은 외국인이 인도의 카스트 제도가 궁금해 이에 대한 사실 여부 및 기타 상황들을 물어보는 경우가 있다. 인도인은 카스트 제도에 대한 언급을 별로 좋아하지 않으니 묻지 않는 것이 좋다.

■ 선물

비즈니스를 수행할 때, 선물을 주고받는 것은 보편화되어 있지 않다. 비즈니스 상담 후 선물을 주지 않아도 괜찮지만 '한국산(Made in Korea)' 제품을 선물하면 다들 좋아한다. 인도 로컬기업과 차별화 차원에서 한국적인 선물을 준비해 놓고 방문할 때 주면 훨씬 좋은 유대관계를 맺을 수 있다. 특히, 인도 최대 명절인 디왈리 때는 선물하는 것이 의례이므로 의미있는 선물을 하는 것이 좋다.

28. 협상하고 계약할 때,
유의할 점

인도에서 접대는 비즈니스에 있어 핵심 요소다. 대부분 미팅은 차가 나올 때까지 시작조차 하지 않으며, 위계질서 때문에 대부분 직위 순으로 자리에 앉는다. 직위가 높은 사람부터 명함을 주며 인사하므로 이를 고려해 명함을 주는 것이 좋다.

고용인들은 지시받은 대로 행동한다. 설령 보스가 지시를 잘 못했다는 것을 알아도 모든 결정권과 책임이 보스에게 있기에 반박을 잘 하지 않는다. 인도의 경직된 계급 사회적 특성을 감안할 때, 일반 직원이 상위 관계자를 대면하는 경우는 흔치 않다. 따라서 상위 직책의 직원이 직접 미팅에 참석하여 결정권자와 상담이 이루어지도록 하는 것이 중요하다.

인도인은 협상이 생활의 일부라 할 정도로 뛰어난 언변과 능수능란한 협상력을 갖추고 있다. 인도 바이어는 가격 내리기와 조건 양보받기로 유명하다. 협상 과정에서 인내심과 침착함은 필수 요건이다. 공격적인 협상 태도는 무례함으로 받아들인다. 인도인은 체면을 매우 중요시하기에 미팅 중 지적을 하거나 비판하는 것은 신중해야 한다. 사전에 상세한 설명이 포함된 제안서를 보내면, 담당자가 책임자에게 먼저 보고를 올려 관심도를 높일 수 있다.

인도인은 대부분 뛰어난 기억력으로 협상을 유리하게 전개한다. 식사 자리에서 주고받은 가벼운 이야기도 나중에 협상에 유리하게 이용하기도 한다. 관련 분야 지식도 상당 수준이므로 계약 마지막 순간까지 사소한 이야기나 약속에 유의해야 한다. 미팅 후 협의 내용을 요약해 보내는 것도 좋다.

인도인은 여러 가지 일을 동시에 잘한다. 미팅 중 비서가 들어와 문서 결재를 한다거나 전화 수신 및 통화, 회의와 무관한 주제로 직원들끼리 대화를 하기도 한다. 관심이 적거나 집중력이 부족해서가 아니다. 문화적 차이로 인지해야 한다. 상대방이 무슬림 교도일 경우, 기도 시간이 되면 잠시 미팅을 중단해야 하는 상황도 있다.

의사결정 과정은 느린 편이다. 대부분 최고 경영자나 오너의 결재를 거쳐야 한다. 정부와 거래를 할 때는 특히 의사결정이 상당 기간 지연될 수 있음을 예상해야 한다. 인도인이 여러 번 미팅에 나타나지 않고 다음 약속을 고집한다면, 이는 관심이 없는 것으로 보아도 무방하다.

인도인과 계약을 한다면, 사소한 사항까지 계약서에 넣어야 한다. 인도인이 협상 중 "No Problem"이라고 말했어도 이는 "당신 의중은 알겠다"는 뜻이지 동의가 아니다. 따라서 그 내용이 계약에 반영되었는지 반드시 확인해야 한다.

인도인에게 최종 의사결정이란 계약이 아닌 과정의 의미에 가깝다. 체결을 앞두고 갑자기 협의된 사항을 변경하자는 제안이 오면 이를 계약 취소로 받아들이지 말고 차분히 대응해야 한다.

흔히 인도인이 구사하는 전략이 있다. 자신에게 유리한 조항들로 계약서를 모두 채운 다음, 선심 쓰듯 하나씩 양보해주는 식이다. 이렇게 양보를 받다 보면 마음이 약해진 상대 업체가 나머지 조건에 대해 느슨하게 대응하게 되어 결국 7:3 정도의 불리한 계약을 체결하게 된다. 이런 경우가 비일비재하다.

필자 회사는 생산 소재의 많은 양을 인도 로컬 철강사에서 구매하고 있다. 필자 회사가 열연 소재를 구매하여 냉연, 도금

제품으로 가공하여 판매하고 있기에 매월 주요 철강사와 구매 상담을 진행한다. 이때 소재 구매를 얼마나 경쟁력 있게 하느냐에 따라 이익 규모가 달라진다. 따라서 소재 구매는 시장 특성과 시장 변화, 그리고 인도인과의 상담 경험이 제일 많은 필자가 직접하고 있다. 시장 변화에 따른 밀고 당기기가 매번 긴박하게 진행이 되고 있다. 인도에서의 비즈니스도 결국 공급자와 소비자 간에 '기브 앤 테이크(Give & Take)'이고 양측이 '윈윈(Win-Win)'이 되는 방향이어야 한다.

인도인은 예전보다는 많이 나아졌지만, 아직도 중장기적 관점보다는 단기적 이익에 집착하는 경향이 강하다. 비즈니스 기본은 상호 간의 신뢰라는 것을 강조하고, 신뢰를 깨뜨렸을 때는 바로 상응하는 조처를 해야 한다.

29. 노동조합의 무리한 요구에
   대비하라

1926년 노동조합법이 제정되면서 인도에서 노동운동이 인정되고 보호되기 시작했다. 인도의 독립과 함께 노동조합의 수는 급격히 늘어났으나 대부분의 노동조합은 규모가 작고 지역 또는 국가 단위의 연합체에 가입되어 있다. 노조의 설립과 가입은 의무사항이 아니다. 종래에는 노동자 7인의 동의에 의하여 노조 설립이 가능하였다. 2001년 법이 개정되면서 100인 이상 혹은 근로자 10분의 1 이상의 동의로 설립 요건이 강화되었다.

과거 인도의 노동조합은 정치적 성향이 매우 강하여 정치인이 노동조합 지도자가 되는 일이 많다. 근로자의 이익을 대변하기보다 특정 정당의 정치적 수단으로 활용되는 경우가 많았다. 그러나 2000년 이후 근로자들의 이익을 대변하는 쪽으로 운영 방향이 선회하였다.

회사에 노조가 설립되면 한국과 마찬가지로 대폭적인 임금 인상 등 무리한 요구가 많아진다. 노조는 그들의 주장이 관철되지 않으면 파업과 태업을 한다.

인도의 노동법은 정규직에 한정되어 있다. 노동시장 유연성 강화에 대한 법 개정은 정치적 이유로 지연되거나 이루어지지 않고 있다. 따라서 정규직 부분의 노동시장이 경직되면서 비정규직 근로자의 양산을 초래하였다. 특히, 인도의 친노동자 성향의 노동제도는 정규직 노동자들에게만 해당하기 때문에 기업들은 계약직 및 임시직의 비정규직 고용을 늘려 고용의 수급 문제를 해결하려고 한다.

인도 권역별로 살펴볼 때 노사분규가 심한 지역은 이른바 힌디벨트(Hindi Belt)라고 불리는 북부 지역이다. 중남부는 다소 양호한 편이다. 노사분규의 주요 원인은 임금과 인력 관리 문제다. 분쟁 기간은 통상 1일 이내 해결이 22%, 5일 이내가 20%이다. 노사분규는 5~10인이 11%, 20인 이상이 34%가 된다.

2011년 마루티 스즈키 자동차의 파업이 가장 최악의 사태로

기록되어 회자하고 있다. 2011년 7월 만네사르 공장에서 3,000
명의 노동자가 파업에 들어가 사 측과 충돌하면서 인도인 인사
부장을 불에 태워 죽였고 100명이 중경상을 입었다. 경찰은 주
모자를 색출하였고 재판에 넘겨 범죄 경중에 따라 유기징역과
무기징역을 선고했다.

2011년 마루티 스즈키의 만네사르 공장 파업 당시의 모습

마루티 스즈키 근거리에 있던 포스코 델리 가공센터에서도
비정규직의 노사분규가 발생하여, 한 달 정도 공장을 폐쇄하고
파업 주모자를 색출해 해고로 사태를 일단락시켰다.

포스코 마하라슈트라 공장 내에 위치한 직원 복지 증진 센터

　　인도 현지에서 노사 관리를 할 때는 현지 노동 법규와 중앙
및 지방정부의 노동 정책, 현지 기업의 노동 관행 등에 대한 철

저한 이해와 준수가 필수적이다. 또한, 근로 조건의 결정, 징계와 해고, 노사 문제 발생 시 철저히 현지 노동 법규를 기본으로 삼아야 한다. 운영 기준도 현지의 관행에 기본을 두어야 한다. 한국식의 법규 관행에 젖어 판단하면 인도 현지인과 마찰을 일으킬 가능성이 높다. 따라서, 현지 주변 업체와 경쟁기업의 인사 정책, 근로 조건에 대해 항상 파악하고 있어야 한다. 특히 현지 근로자의 의식과 특성, 요구 사항 등을 수시로 모니터링하여 제도 개선 등을 통해 문제 발생의 소지를 줄여나가야 한다.

또한, 직원들의 근무 환경과 복지 수준을 향상시켜 직원 만족도를 높이는 데 힘써야 한다. 이렇게 할 때 인도 직원들의 근로 의욕이 고취되고 회사에 대한 자긍심이 높아져 노사분규의 소지가 줄어든다. 필자 회사는 포스코 그룹 경영철학인 "회사는 행복한 직원들에게 행복한 일터가 되어야 한다"는 "Great Work Place" 경영방침을 실현하기 위해 노력하고 있다. 2017년에는 회사 내에 건강을 증진하고 휴식을 제공하기 위해 레크리에이션센터와 크리켓 구장을 건설하였다. 현재 마하라슈트라 주 내에 소재한 철강사 중 최고의 복지 수준을 제공하는 회사로 자리 매김했다. 직원들도 포스코 마하라슈트라에 근무한다는 자긍심과 만족도가 높다.

30. 인맥 구축은
　　필수

사업과 업무를 추진하는 데 있어, 인도에서는 한국, 일본과 같은 선진국에서는 발생할 수 없는 예기치 못한 일이 많이 발생한다. 특히, 인도 공무원들은 지나치게 관료주의적이다. 인도에서 주재원이었거나 개인 사업을 한 사람이라면 사업환경이 한국에 비해 어렵다는 것에 공감한다.

사업 및 공장 건설 인허가 지체 또는 수입 규제 등 국가 정책 방향에 따라 피해가 발생하는 등 난관에 부딪혔을 경우, 고위 공직자나 정치인을 알고 있다면, 문제를 쉽게 해결해 나갈 수 있다. 인도인은 카스트 제도가 삶 속에 체화되어 본인보다 직위가 높은 사람의 지시를 무시하기 어렵다.

인도는 주 정부 체제로 운영된다. 따라서 공장 인허가, 환경 허가 및 투자 인센티브는 중앙 정부가 아닌 주 정부의 권한이다. 그런 점에서 주 정부 내에 주요 인사와 인맥을 구축해야 한다. 또는 투자 지역의 국회의원(MLA)과 경찰 간부들과도 유대 관계를 맺는 것이 좋다. 물론 반덤핑, BIS 등 국가 정책과 관련된 사항은 중앙 정부 소관이다. 중앙 정부에 있는 사람과 인맥을 구축하면 좋겠지만 만만치 않은 일이다.

인맥 구축 방법을 소개한다.

첫째, 공장 건설의 착공식과 준공식 때 고위 공직자 또는 정치인을 메인 게스트(Main guest)로 초청하여 축사를 부탁하고, 인맥 구축 대상자들이 주최하는 행사를 참석한다. 또한 명절이나 개인의 관혼상제 때 방문하여 유대관계를 이어나간다. 여유가 있는 기업은 각 주지사의 구제 펀드(Relief Fund) 등에 기부하여 주정부와 긴밀한 관계를 맺는 방법도 있다.

둘째, 애로 사항에 봉착했을 때, 대사관이나 총영사관에 부탁하여 한국 외교관들이 구축한 인물을 접촉하여 문제를 해결한다. 디왈리 등 명절 때 선물을 보내고 고급 호텔이나 식당 등에서 저녁식사를 초대하여 관계를 이어갈 수 있다. 해외에 파견된 한국 외교관들이 예전과는 달리 요즘은 한국 기업의 애로사항을 파악하여 해결해 주려고 큰 노력을 하고 있다. 특히, 정보가 부족하고 인도 내 인맥이 없는 중소기업들은 델리, 뭄바이, 첸나이, 아마다바드 코트라(KOTRA)를 활용하면 많은 도움을 받을 수 있다.

필자가 인맥을 활용하여 어려움에서 벗어난 사례는 수없이 많으나 한 개만 소개하고자 한다.

푸네 가공센터 제2공장을 건설할 때, 공장 건폐율 때문에 곤욕을 치를 뻔했다. 제1공장을 건설할 때는 향후에 지을 제2공장 부지가 남아 있어 건폐율에 신경 쓰지 않았다. 제2공장을 4,000평 규모로 짓기 위해 공장 설계와 건설 허가 절차를 진행했다. 그러다가 산업공단(MIDC)의 건폐율이 40%라는 것을 알게 되었다. 40%로는 2,700평 규모밖에 지을 수 없었다. 착공식 등을 통해 오랫동안 알고 지내온 MIDC 공단 사장에게 건폐율을 50%로 올려달라고 부탁했지만 자기 권한으로는 45% 밖에 할 수 없다고 했다. 50%까지 늘려달라는 나의 간절한 요청을 받고 고민하더니 50%까지 가기 위해서는 주 정부 내 6개 부서에서 협조를 받아야 하는데 4개월 이상이 소요될 것이라고 했다. 그래서 산업공단 사장을 믿고 공장 설계를 건폐율 50%로 하고 공사를 진행했다. 50%로 확정될 때까지 가슴이 조마조마했다. 다행히 4개월 후에 MIDC 사장으로부터 건폐율을 50%까지 승인받았다

주지사 요청으로 Magnetic Maharashtra 투자 유치에 참석해 외국 기업 대표로 연설했다. (모디 수상 참석)

마하라슈트라 주지사 구호 기금에 32억 원을 기부

고 연락을 받았다. 마하라슈트라 주에서는 처음으로 포스코에
건폐율을 50%까지 허가해 준 것이라고 생색을 내었다. 그 후에
도 산업공단 사장은 포스코 마하라슈트라 부지 18만 평을 저렴
한 가격으로 제공해 주는 데 결정적인 역할을 하였다.

31. 현지인을
고객으로 만들어라

　인도뿐 아니라 외국에서 조직과 자금력이 부족한 개인사업
자가 성공하기란 쉽지 않다. 개인사업자들이 쉽게 진출하는 분
야는 주로 게스트하우스와 한국식 식당이다. 호텔비가 비싼 지
역은 출장자들이 주로 한국 게스트하우스에 숙박한다. 한국 게
스트하우스는 주로 수도권인 델리와 굴가온, 노이다 그리고 현
대자동차가 진출한 첸나이 지역에 밀집해 있다. 푸네는 4개가
있다.

　일반 출장자와 주재원을 대상으로 한 영업으로 돈을 벌기는

어렵다. 게스트하우스가 돈을 버는 시기는 대기업들이 공장을 지을 때다. 한국에서 파견된 건설 엔지니어들과 설비 공급 업체들의 대규모 인력이 게스트하우스에서 1년 이상 장기 숙박을 한다. 미국 서부 개척 시절, 금광 채굴업자와 더불어 청바지 제작업체들이 돈을 많이 벌었던 것을 연상하면 쉽게 이해될 것이다.

한국 식당을 오픈하여 성공한 지역은 방글라데시, 베트남, 싱가포르 등이다. 이들 국가에서 한국 식당이 성공한 요인은 고객의 50% 이상이 현지인이라는 것이다. 현지인들의 입맛에 맞는 한국 음식을 개발하여 다양한 루트를 통해 한식을 소개한 것이 주효했다.

푸네에는 한국 식당이 없다. 고급스럽고 대형화된 식당은 주로 뉴델리를 중심으로 한 수도권과 첸나이 지역에 있다. 인도인들이 찾는 경우는 아직 많지 않다. 인도에서 한국 식당들이 애를 먹고 있는 것은 주류 판매를 위해 인도 정부로부터 알코올 라이센스를 받아야 하는데 취득하기 어렵기 때문이다.

게스트하우스와 식당이 아니라 푸네를 중심 체인점으로 성공한 사례를 소개하고자 한다.

첫 번째가 '피터도너츠'이다. 피터도너츠는 커피, 빵, 스파게티, 인도 음식 등을 판매하고 있다. 독특한 인테리어와 정결하고 맛있는 음식을 파는 체인점으로 인도인에게 각광받고 있다.

현재 직영점 2개, 가맹점 5개로 총 7개 체인점으로 운영되고 있다. 피터도너츠 사장인 정찬석 씨는 푸네 외 다른 지역으로까지 체인점을 확대할 계획이라고 한다.

피터도너츠 심바이오시스 대학교 점(위), 아운드 점(아래)

피터도너츠는 2008년도에 푸네 아운드 지역에 주로 도너츠와 커피를 파는 가게로 시작하였다. 필자가 개점할 때 참석하였는데 '이 사업이 과연 될까?' 하는 의구심이 들었다. 2016년에 포스코 마하라슈트라 법인장으로 부임했을 때, 체인점이 7개로 늘어나 있었다. 매장이 인도 커피점들과 차별화되어 운영되는 것을 보고 매우 놀랐다. 정 사장은 1호점을 연 후 피터도너츠를 진화, 확장하기 위해 지속적인 시장 조사와 인도인의 입맛에 맞는 음식을 개발하기 위해 엄청난 노력을 기울였다고 한다.

푸네 깔리아니 나갈에 있는 런던머핀 본점

두 번째가 '런던머핀'이다. 피터도너츠와 비슷한 시기에 한국

식 케이크와 빵을 판매하는 가게로 시작하였다. 현재는 한국 빵뿐 아니라 고급스러운 샌드위치, 맛있는 스파게티를 제공하는 가게로 정평이 나서 많은 인도인이 찾고 있다. 1호점에 이어 2호점을 열었다.

개인사업자들이 인도에 진출해 성공하려면 인도 현지인을 고객으로 끌어들여야 한다. 이를 위한 시장과 고객 연구를 철저히 해야 시행착오를 줄일 수 있다.

32. 사회적
책임 활동을 하라

인도의 일 인당 국민소득은 1,700달러 수준으로 국민의 절대 다수가 빈곤층이다. 빈곤층은 영양실조에 걸려 있다. 주요 도시 도로에는 구걸하는 사람이 많다. 따라서 외국 기업이라도 인도에 진출하여 수익을 내는 기업은 당연히 사회적 책임을 다해야 좋은 이미지를 구축하고 지역 사회 발전과 더불어 번영할 수 있다.

인도는 종교관에 바탕을 둔 박애주의 정신과 간디의 신탁사 상에 근거해 기업의 사회적 책임 활동을 자연스럽게 받아들여 왔다. 간디의 신탁 사상이란 "부유한 사람들은 자신이 소유한

부의 최소한을 제외한 부분은 가난한 사람들에게 신탁받은 것으로 생각하고 국가와 지역을 위해 사용한다"는 사상이다.

인도에서 기업의 사회적 책임(CSR: Corporate Social Responsibility) 활동이 본격화된 시기는 1981년 이후다. 기업들은 기업의 지속 가능성 확보라는 목표를 달성하기 위한 전략으로 CSR 활동을 추진하였다. 기업들은 다양한 이해 관계자들과의 네트워크를 강화하는 수단으로 CSR을 적극적으로 활용하고 있다. 지속성장을 위해 환경문제와 사회, 경제적 이익 등을 고려하면서 기업 이익 창출을 위한 수단으로 CSR을 하고 있다.

2014년 4월 1일부터는 일정 요건을 갖춘 기업들의 CSR 추진이 법적 의무 이상이다. 매출액 1,700억 원 이상, 순이익 85억 원을 초과하는 기업은 CSR 활동을 추진토록 규정했다. 이 조건에 부합하는 기업은 지난 3년 평균 세전 순이익의 2% 이상을 CSR에 사용해야 한다. CSR 활동이 강제화되면서 많은 기업이 어떤 활동을 추진하면 좋을지 고민하고 있다.

CSR 추진 효율성과 성과 제고를 위해 기업들은 우선 이와 같은 CSR 관련 법 조항과 규정을 충분히 이해해야 한다. 자의적으로 해석해 먼저 CSR을 추진하고 이를 인정받으려는 방식은 지양해야 한다.

인도에서 CSR로 인정받는 활동과 인정받지 못하는 활동

자료: 기업부 회람(2016. 1. 12), 인도 언론 종합

CSR 인정 11개 부문

- 건강, 기아 근절, 빈곤 및 영양실조 퇴치, 안전한 식수 제공
- 교육, 차별화 능력 육성, 삶의 질 개선, 직업 훈련
- 농촌 개발 활동
- 환경 지속성, 동물 복지 향상, 자원 보존, 공기 및 수질 보호
- 국가 문화유산 관리, 전통 예술 및 공예품 홍보 및 개발
- 불평등 해소: 양성평등 촉진 및 여성 권리 증진, 사회경제적 취약층 불평등 해소 조치 등
- 스포츠: 지역 및 국가 스포츠 지원, 올림픽 경기 종목 후원
- 참전 용사 및 가족 복지 지원
- 슬럼 개발
- 기술 인큐베이팅 기부 또는 기금
- 총리 구호 기금, 중앙 정부 기금에 대한 기부

CSR로 인정받지 못하는 활동

- 직원 및 그 가족 대상의 복지비 지출
- 마라톤이나 특정 시상식, 자선단체 기부나 광고, TV 프로그램 후원 등 단발적 행사 지원
- 노동법, 토지 인수법 등 기타 법 규정 이행을 위해 지출된 비용
- 직접 또는 간접적인 정당 후원
- 통상 사업 일환으로 행해지는 활동
- 인도 국외에서 일어난 활동

법 규정을 준수하면서 기업이 추진하는 CSR을 전략적으로 활용하고, 이를 통해 인도에서의 지속 성장과 수익 극대화 방안을 고민해야 한다.

포스코 마하라슈트라는 가난한 사람들이 밀집한 지역에 위치해 있어 지역 주민을 위한 CSR 활동이 필수적이다. 최근에는 이동식 건강검진 차를 마을에 불러 지역 주민 2,000명을 대상으로 무료로 건강검진을 하고, 큰 병에 걸린 사람은 수술비까지

지역 주민을 위한 건강검진 지원

지원해주었다. 그 까닭에 좋은 회사라는 평가를 받고 있다.

이 밖에도 마을회관 건립, 여아 출산 장려금 지급, 우물 개발 등 다양한 CSR 활동을 하고 있다. 활발한 CSR 활동으로 중량물을 운송하면서 도로가 파손되어 마을 주민들에게 불편을 줄 때도 있지만, 지역 주민이 감내해 주고 있다. CSR을 하고 나니 주민들의 민원이 많이 줄었다. 직원들도 자긍심을 느끼고 있다.

PART. III

어떤 사업이
인도에서 유망한가?

33. 전자상거래와
인터넷 사업

　인도는 기회의 시장이지만 인프라가 열악하다. 전자상거래 비즈니스가 성장하기 어려운 여건이지만 아마존, 소프트뱅크, 알리바바 등 글로벌 거대 IT 기업들이 뭉칫돈을 쏟아붓고 있다. 4~5년 전부터 아마존, 페이스북, 우버 등 미국 대형 기업이 인도 시장을 적극 공략한 데 이어 최근 2~3년간은 중국 디디추싱, 텐센트, 알리바바 등이 인도 스타트업에 투자해 미국 기업과 경쟁 중이다.

　글로벌 IT 기업들이 인도를 주목하는 데는 몇 가지 이유가 있다.

첫째, 모바일 인구가 많이 증가하고 있다. 2016년도 기준으로 인터넷 침투율은 35%(4억 6천 명)이며 스마트폰 사용자가 3억 4천 명에 달한다. 인도에서 월 급여 17만 원 이하의 저소득층도 스마트폰을 사용하고 있다. 실제로 인도의 온라인 사이트 이용 접속 수단은 스마트폰이 78%, PC가 22%로 스마트폰이 압도적으로 높다.

둘째, 인도는 전 세계에서 가장 젊은 나라이다. 35세 이하가 전체 인구의 3분의 2, 25세 이하가 2분의 1이어서 온라인 거래에 개방적이다. 인도 전자상거래 성장은 자명해 보인다.

셋째, 모디 정부는 2015년 7월 이후 본격적으로 디지털 인디아 정책과 이를 실현하기 위해 인터넷 인프라를 확충하고 있다. 인터넷 인구 증가가 가속화되고 있다. 모디 정부는 2019년까지 180억 달러를 투자하여 25만 개 마을에 인터넷을 보급할 계획이다. 2030년 인도의 인터넷 인구는 10억 명을 돌파할 것으로 보인다. 인도 상공회의소연합에 따르면 전자상거래 시장 규모는 2016년 311억 달러에서 2020년 665달러로 증가할 것이라고 한다. 연평균 성장률은 35%에 달할 것이다.

인도의 낙후된 도로와 복잡한 주소 제도 때문에 빠른 배송을 생명력으로 하는 인터넷 기업은 진출을 주저했었다. 하지만 2015년부터 우리의 우체국에 해당하는 인디아 포스트(India Post)가 물류센터를 설치하여 물품 배송 서비스를 시작해 배송 기간이 대폭으로 단축되었다. 또한 아마존은 동네 구멍가게 '키나리'를 배송기지로 활용해 촘촘한 배송망을 인도 전역에 구축했다. 그 결과 2016년 온라인 전자상거래의 2위 업체로 급부상하였다. 2016년 기준으로 인도 전자상거래는 플립카트(Flipkart)가 45%, 스냅딜(Snapdeal)이 26%, 아마존이 12%를 차지하고 있다. 인도 전자상거래가 치열한 경쟁 시장이 되면서 플립카트와 스냅딜의 투자사인 일본 소프트뱅크가 합병을 검토 중인 것으로 알려져 있다. 중국의 최대 전자상거래 업체인 알리바바도 2017년 3월 온라인 쇼핑 벤처 페이티엠(Paytm)에 2억 달러를 투자하며 인도 시장에 진출했다.

인도는 소셜미디어, 차량 공유 등에서도 글로벌 IT 기업들의 진출이 활발하다. 페이스북이 서비스하는 '왓츠앱(WhatsApp)'의 경우 미국 사용자보다 인도 사용자가 더 많다. 페이스북에게 인도는 미국 다음으로 큰 시장인 셈이다. 페이스북이 인도 투자를 늘리며 점유율을 높여나가자 중국의 텐센트(Tencent)가 인도 토종 메신저 업체인 '하이크(Hike)'에 2천억 원을 투자하며 인도에 진입하였다.

하지만, 인도 내 국민 메신저는 왓츠앱이다. 현재 시장점유율은 96%(2014년 기준)에 달한다. 중국에서 디디추싱(Didi Chuxing)에 밀렸던 미국의 우버(Uber)는 인도 차량 공유시장에 눈독을 들이고 2015년부터 투자를 확대하고 있다. 인도인의 소득이 높아지면서 국민택시 '오토릭샤'를 이용하는 비율이 줄고 가격이 저렴하며 에어컨 서비스가 되는 쾌적한 '우버택시'를 이용하는 비율이 급속히 증가하고 있다. 디디추싱도 2015년부터 인도 차량 공유업체 '올라(OLA)'를 소유한 ANI 테크놀로지에 투자하여 대립각을 세우고 있다.

서두에서 언급했듯이 인도의 인터넷 사업 환경은 인터넷 수요 증가와 함께 점점 개선되고 있다. 더불어 좀 더 편리한 서비스에 목말라 있는 인도 사람들의 요구를 충족시킬 수 있는 인터넷 사업이라면 대박이 날 수 있다. NHN, 카카오 등 한국 인터넷 기업들은 인터넷 수요가 제한되어 있고 생존 경쟁이 치열하게 전개되는 한국 시장보다는 인터넷 사업 잠재력이 무한한 인도 시장에 진출하여 글로벌 기업으로 성장 기회를 잡으라고 권유하고 싶다. 물론, 인도 인터넷 시장의 경쟁도 만만치 않다. 하지만 인도는 이제 막 시작한 성장시장이므로 단기적인 성과보다는 현지 시장 특성을 연구해 가면서 한국인 특유의 저력과 아이디어를 통해 특화된 사업을 개발한다면 성공할 것이다.

34. 한국과 중국의 격전지,
인도 스마트폰 시장

인도는 중국, 북미에 이어 세계 3위 스마트폰 시장이다. 13억 인구를 가진 인도의 2017년 스마트폰 판매량은 1억 2,680만 대였다. 인도 스마트폰 시장은 급성장을 지속해 2022년에는 2억 대를 돌파할 것으로 전망된다. 인구의 44%가 24세 이하일 만큼 젊은 나라인데 스마트폰 보급률은 아직 25%에 불과하기 때문이다. 세계 스마트폰 시장은 포화 상태지만 인도 시장만은 급성장하고 있다. 스마트폰 제조업체에게 인도는 아주 매력적인 시장이다. 현재 인도 스마트폰 시장은 삼성전자와 중국 샤오미, 오포, 비보, 화웨이 등 5개 업체가 경쟁을 벌이고 있다. 사실상 삼성과 중국 업체의 대결 구도다.

중국 스마트폰 기업들은 중국 시장에서 삼성을 밀어냈던 방식 그대로 인도 시장을 공략하고 있다. 삼성은 2013년만 해도 중국에서 점유율이 20%대에 육박해 압도적인 1위였다. 하지만 이들의 공세에 밀려 5년 만에 현재 시장 점유율 1% 안팎의 10위권으로 뚝 떨어졌다.

2017년 이전까지는 삼성전자가 인도에서 압도적 1위 업체였으나 샤오미의 약진으로 2017년 4분기와 2018년 1분기에 샤오미(31%)에 이은 2위 업체(26%)로 전락하였다. 하지만 삼성의 2018년 2분기 점유율이 29%로 상승하면서 샤오미를 제치고 1위 업체로 다시 등극하였다.

인도 스마트폰 시장 점유율	Q2 2017	Q2 2018
삼성	24%	29%
샤오미	16%	28%
비보	13%	12%
오포	10%	10%
화웨이	1%	3%
기타	36%	18%
합	100%	100%

카운터포인트리서치가 2018년 11월 15일 발표한 보고서

삼성은 생산 능력을 늘리고 현지 특화 제품을 대거 출시해 중국 샤오미를 압도해 가겠다는 전략을 구사하고 있다. 앞으로 총 8천억 원을 투자해 기존에 연간 6,800만 대였던 생산 능력을 2020년까지 1억 2천만 대 수준까지 올린다는 계획이다. 이를 위해 2018년 7월 문재인 대통령과 모디 수상이 참석한 가운데 노이다 스마트폰 신공장 준공식을 했다.

샤오미는 인도 시장 진출을 온라인 쇼핑에서 시작하였다. 온라인 판매를 통해 인지도를 구축한 후 강력한 오프라인 확장 전략으로 좋은 성과를 냈다. 제품 자체로는 2018년 1분기에 출시한 홍미 5, 홍미 5 플러스 및 홍미 5시리즈가 성공을 거두면서 성장을 견인해 나가고 있다.

중국업체들의 급성장은 인도 로컬 업체들의 몰락을 가져왔다. 스마트폰 시장에서 인도 로컬 업체를 대표했던 마이크로맥스는 중국 업체들이 본격 진입하면서 점유율이 점차 하락했고, 2017년 4분기부터는 5위권에서 사라졌다.

인도 로컬 업체들이 경쟁에서 밀려 사라진 이유는 무엇일까? 자체적으로 연구 개발을 하지 않고 외주 생산에 주력했기 때문이다. 사실 외주 위탁 생산은 비용 절감 측면에서 강점이 있다. 하지만 빠르게 변화하는 소비자 트랜드를 따라잡고 견인하기는 불가능한 구조다. 시장이 고도화되면서 가성비가 중요하지만, 그보다 더 중요한 요인들이 많다. 이러한 트랜드 변화를 인도 로컬 업체들은 따라가지 못했다.

현재 샤오미는 중국에서처럼 온라인을 중심으로 가성비 높은 제품을 판매하는 방식으로 인도에 침투했다. 그리고 '샤오미의 집'이라는 오프라인 매장으로도 판매를 확대하고 있다. 레이쥔 샤오미 CEO는 "지난 4년간 중국에서 300여 개 회사에 4조 5천억 원을 투자했던 것처럼 향후 5년간 인도 스타트업 100곳에도 1조 1천억 원 투자하겠다"라고 밝혔다. 샤오미가 중국에서 탄탄한 제조 협력사를 기반으로 해 스마트폰, 로봇청소기, 자전거 등 샤오미 생태계를 구축했듯이 인도에서도 똑같은 비즈니스 모델을 만들어 나겠다는 것이다.

향후 인도 스마트폰 시장이 현재와 같은 삼성과 샤오미의 독점 체계가 지속할 것인지, 화웨이 등 타 업체가 치고 나올 것인지 귀추가 주목된다.

35. 화폐개혁 후 고속 성장하는
   전자결제 시장

300년 넘게 루피가 지배하던 인도 시장에서 '페이티엠 (Paytm)' '모비크위크(Mobikwik)' 등 모바일 결제 업체 스티커가 눈에 띄기 시작한 것은 2017년 말부터다. 상점은 물론 과일이나 채소를 늘어놓고 파는 노점상 손수레에도 스티커가 붙어있을 정도다. 물건을 사는 소비자 역시 값을 치를 때 지갑 대신 휴대 전화를 찾는 경우가 많다. 현금 대신 모바일 결제 서비스를 이용하기 위해서다.

모디 인도 총리가 2017년 11월 화폐 유통의 86%를 차지하는 고액권(500루피·1000루피)에 대해 화폐개혁을 단행한 이후 인도 전자결제 시장은 빠르게 성장했다.

인도 모바일 결제 산업 규모는 연평균 68%으로 고속성장을 하고 있다. 2011년 8,600만 달러에서 2016년 11억 5천만 달러, 2020년 24억 달러로 전망된다. 인도에서 전자결제 시장이 급성장하는 데는 이유가 있다.

첫째, 신용카드 보유 비율이 낮다. 인도 국민의 5% 정도만 신용카드를 보유하고 있다. 높은 수수료, 카드 발급까지 두 달 이상 걸리고 조건이 까다로워 많은 사람이 신용카드 사용을 꺼린다. 이를 보완하기 위해 인도 정부는 '금융 불가촉천민 없애기'를 목표로 젊은 세대에게 무료로 은행 계좌 발급 등의 정책을 실행했다. 그러나 인도 국민의 35%는 은행 계좌 잔액이 대부분 비었다.

둘째, 현금으로 대부분 거래하고 은행 지점 수가 매우 적다. 인도 전체 평균으로는 성인 인구 10만 명당 은행 지점 수가 13개다. 한국의 17개와 유사한 수준이지만 시골 지역은 은행 지점당 성인 인구수가 7천 명이 넘고 가까운 은행이 2km 넘게 떨어져 있는 등 금융기관을 이용하기가 매우 불편하다.

모바일 결제의 대표적인 기업은 2010년 설립된 인도 최대 모바일 결제 스타트업 페이티엠이다. 이 회사는 모디 총리가 화폐개혁을 발표한 직후, "독립 이후 금융 부분에서 가장 용감하고 중대한 결정이 발표됐다"는 내용의 신문 광고를 실어 자축했다. 중국 알리바바와 일본 소프트뱅크로부터 투자를 유치한 페이티엠은 2억 명 이상의 사용자를 확보했다. 화폐개혁이 발표된 직전보다 사용자가 7천만~8천만 명 정도 증가한 것으로 추정된다. 페이티엠의 기업 가치는 70억 달러(약 7조 8천억 원) 이상으로 평가된다.

2018년 8월에 세계적인 투자가인 워렌 버핏이 페이티엠에 4천억 원을 투자하기로 결정했다. 페이티엠 창업자인 샤르마 사장은 불모지나 다름없는 인도 전자결제 업계에서 페이티엠을 설립하고 선두기업으로 키워냈다. 2017년에는 인도 최연소 억만장자로 등극하였다. 포브스는 샤르마의 자산이 1조 8천억 원에 이를 것으로 추산하고 있다.

인도 모바일 전자결제 시장에서 많은 사업자들이 경쟁을 펼치고 있다. 기존 모바일 결제 시장의 강자인 페이티엠 외에도 삼성이 삼성 페이를 출시했고, 글로벌 메신저인 왓츠앱도 결제 및 송금 서비스를 내놓았다. 그뿐만 아니라 인도 정부도 전자결제플랫폼인 UPI(Unified Payments Interface)를 내놓는 등 모바일 월렛 시대를 가속하기 위해 전폭적인 지원을 아끼지 않고 있다.

이 중에 한국 핀테크 스타트업 밸런스히어로(Balance Hero)와 같이 통신 기술 기반 모바일 금융 서비스로 인도 시장을 공략하는 사례도 생겨나고 있다. 밸런스히어로는 한국 업체 최초로 인도 중앙은행으로부터 정식 사업자 라이센스를 획득했다. 은행에 준하는 정식 금융사업을 할 수 있는 인증이다. 모바일 월렛 사업 성장을 바탕으로 밸런스히어로는 은행 계좌와 연동해서 사용할 수 있는 모바일 월렛을 출시했으며 빠르게 매출 성장세를 보이고 있다.

인도 모바일 시장은 데이터가 말해주듯이 급격하게, 그리고 상상하기 힘들 정도로 크게 성장할 것이다. 밸런스히어로가 모바일 통신 기술을 시작으로 이용자를 확보하여 모바일 전자결제, 금융 시장으로 서비스 확대에 성공했듯이 한국의 높은 모바일 통신 기술을 보유한 많은 기업들 역시 인도 시장에 진출한다면 어느 국가보다 더 큰 가능성과 기회를 발견할 것이다.

36. 인공지능 강국으로
부상하다

빈곤대국, IT 아웃소싱 이미지가 강한 인도가 인공지능(AI) 강국으로 변신하고 있다. 인공지능연구에 선두 역할을 해오던 미국과 중국 간에 AI 경쟁이 치열해진 가운데 최근 이 경쟁에 인도가 가세하였다.

2018년 인도 예산 발표 당시 모디 총리는 AI 관련 예산을 2배 가까이 증액하였다. 기업 컨설턴트사인 엑센츄어(Accenture)에 의하면 AI가 연간 인도 총부가가치(CGVA) 증가율을 1.3% 끌어올릴 잠재력이 있다고 한다.

AI 분야를 육성하기 위한 인도 정부의 노력은 2018년에 들어서야 본격화되었다. 2018년 초 AI 강국을 목표로 정부의 싱크탱크인 니띠 안요기(Niti Anyog) 내에 태스크포스(TF) 팀을 마련하여 국가 주도 육성 프로그램을 가동하였다. TF 팀은 2018년 6월 AI 5대 핵심 육성 분야를 선정하여 향후 5년간 데이터센터 및 연구센터 등 인프라 구축안을 제시하였다. 헬스, 농업, 교육, 스마트시티 및 인프라, 스마트 모빌리티 및 교통 분야에 관한 내용이었다. 또한, 타 국가와 국가 간 기술 협력 체결에도 적극적으로 나서고 있다. 2018년 4월에는 영국과 2018년 7월에는 한국, 아랍에미리트(UAE)와 양해각서(MOU)를 맺었다. 그러나 정부가 AI 분야에 본격적으로 개입한 시기가 미국과 중국에 비해 늦은 만큼 2017년 GDP의 2%를 사용한 중국에 비해 인도는 0.6%에 겨우 미치는 수준이다. 하지만 AI 기술 활용 면에서는 절대 뒤지지 않는다. 2018년 1월 인포시스(Infosys: 인도 2위 규모의 IT 서비스 업체) 조사에 따르면 국가별 AI 성숙 수준에서 인도가 75%로 1위를 차지했다. 71%인 미국, 61%인 중국에 비해 높다. 인도 기업들은 AI가 인도 기업에 많은 기회를 열어줄 것으로 기대하고 있다.

특히 농업과 헬스케어 분야에서 AI가 빠르게 적용되고 있다. 정확한 일기 예측과 생산량 관리, 그리고 의료비 절감이라는 장점 때문이다. 인도는 강수량의 70%가 우기인 6~9월에 집중되었다. 하지만 관계시설이 부족하여 농작물 생산량이 이 기간 동안의 강수량에 크게 좌우된다. 이에 최근 마이크로 소프트는 인도 국제반건조열대지역식물재배연구소(ICRISAT)와 함께 AI가 기후 환경을 분석하여 적정 파종 시기, 깊이, 비료 사용량 등의 정보를 제공하였다. 안드라프라데시 주와 카르나타카 주의 약 3,000 농가에 적용한 결과, 전체 농작물 수익률의 30%가 증가했다. IBM 또한 인도 우주 항공청의 위성사진을 판독하여 해충 및 농작물 질병의 조기 경보시스템을 제공하고 있다.

또한 AI는 의료 분야에도 해결사로 나서고 있다. 인도는 진단 전문의가 턱없이 부족한 데다가 농촌 지역의 대다수는 의료비에 부담을 느껴 병을 키우는 경우가 많다. 인도 로컬 기업인 Qure AJ 사는 MRI, CT, 엑스레이 등을 AI로 빠르게 판독하여 질환을 조기에 진단하는 서비스를 출시하였다. 마이크로소프트는 Forus 사라는 로컬사와 협력해 망막을 활용한 당뇨 조기 진단 서비스를 제공하고 있다. 다소 뒤늦은 출발이지만 인도에서 AI 분야는 빠르게 성장할 것으로 기대된다. 높은 소프트웨어 산업 경쟁력, 풍부한 데이터 등 AI 발전의 토양이 갖추어져 있기 때문이다.

소프트웨어 인력풀도 강점이다. 국내에도 이미 유명한 인도

공과대학(IIT: Indian Institute of Technology) 등으로부터 연 150만 명의 우수 소프트웨어 엔지니어가 양성되고 있다. 이들의 임금 수준은 다른 나라보다 낮아 경쟁력이 높다. 2~4년 경력의 인도 AI 엔지니어 연봉은 2~4만 달러로 미국의 14만 달러 대비 7분의 1 수준에 불과하다. 또한 모디 정부의 지원으로 인도 AI 로컬 스타트업이 급증하는 추세다. 인도 소프트웨어협회 따르면 최근 5년간 약 400개 사가 신규로 창업했다.

AI 발전의 핵심 기반이라 할 수 있는 데이터 기반도 확실하다. 인도 인터넷 사용자 수는 빠르게 증가하고 있다. 2016~2020년까지 연평균 성장률이 약 17%로 2020년경이면 7억 3천만 명을 돌파할 것이다.

또한 인도 정부는 최근 세계 최대 규모의 생체인식 시스템인 아다하르(Aadhaar)를 민간에 개방할 예정이다. 스마트폰을 통해 인도에 진입한 중국 화웨이는 인도에 AI 전문연구 조직을 출생시켰다. AI를 인도 시장의 발전 엔진으로 삼겠다는 의도다. 이 AI 연구소를 통해 혁신적 AI 솔루션을 만들어 전 세계에 확산시킨다는 목표하에 소프트웨어 허브인 벵갈루루를 기반으로 약 3천 명의 직원을 두고 있다.

2018년 7월 문재인 대통령이 인도에 방문했을 때, 한국과 인도는 4차 산업혁명에 공동 대응하기 위해 '한-인도 미래비전 전략그룹'을 설립하였다. 대기업 위주였던 인도 진출을 스타트업으로 확대하기 위해 스타트업 부트 캠프와 스타트업 협업 공간을 마련할 계획이다.

향후 인도는 AI 강국으로 부상할 것이다. 한국 AI 관련 기업들은 한국 정부가 분위기를 만들고 있으므로 인도 AI 스타트업 기업을 인수하거나 자체 독자 기술로 인도 진출을 적극적 모색해야 할 시점이다.

37. 급성장하는
   식품 가공 산업

 인도에서 농업이 차지하는 GDP 비중은 작지만, 국민의 약 3분의 2가 농업에 종사하고 있다. 그런 점에서 인도를 농업국가라 할 수 있다.

 인도는 대한민국의 33배에 달하는 넓은 땅에서 전 세계 식품의 상당량을 생산해내고 있다. 우유, 바나나, 망고, 구아바, 두류 생산량이 세계 1위다. 차, 사탕수수, 밀, 쌀 생산량은 세계 2위다.

 흥미로운 것은 소고기가 전 세계 생산량의 43%를 차지한다는 것이다. 이는 인도 인구의 80%를 점유하는 힌두교도들이 숭

상하는 버펄로, 즉 물소를 기준으로 한 수치다. 이렇게 풍부한 1차 농축산물과 경제 고도성장에 따른 소득 증가로 식품 가공산업이 급성장하고 있다.

인도 식품 가공산업은 생산, 소비, 수출 잠재력 측면에서 인도 전 산업 중 5위를 차지하며 제조업 GDP의 약 8%를 점유하고 있다. 그리고 전체 고용인구의 약 13%가 식품 가공산업 분야에 종사한다. 특히, 농촌 지역에 소재하고 있어 도시와 농촌의 소득 격차를 줄이는 데 중요한 역할을 하고 있다.

인도 식품 가공업이 급성장하는 이유는 첫째, 지리적 환경이 다양해 가용 식자재가 풍부하기 때문이다. 전 세계적으로 존재하는 20개의 농업 기후 가운데 15개의 주요 기후가 인도에 존재하여 다양한 농작물이 생산되고 있다. 토질 또한 총 60개 종 가운데 46종이 존재한다. 이러한 지리적 환경에 따라 주요 생산 작물이 지역마다 다르다. 가장 인구가 많은 북부의 우타르프라데시 주는 채소, 중부의 마디아 프라데시 주는 녹두, 남부 해안 지역의 타밀나두 주는 과일이 풍부하다.

둘째, 인도인의 식생활 변화다. 가처분 소득이 증가하면서 외식이 급증하고 있다. 거기다가 간편식, 유기농, 다이어트식 등 다양한 제품군에 대한 수요가 증가하고 있다. 특히, 도시화와 핵가족, 여성의 사회 진출이 가속화되면서 간편식과 음료에 대한 수요도 증가하고 있다. 가공식품 수입도 많이 증가하고 있다. 커피, 차, 소스류, 파스타 등이 최근 3년간 연 30% 성장률을 기록 중이다. 또한, 세계 최대의 채식주의자를 보유하고 있는 인도에서 최근에는 육류 소비도 증가하고 있다는 점을 주목할 필요가 있다.

셋째, 정부의 지원이다. 인도는 식품 가공업에 대한 100% 외국인 직접투자를 허용하고 있다. '총리 특별 농민 식품 가공 개발 클러스터 계획'도 시행하고 있다. 대표적으로는 농부, 가공업자, 소매업체를 연결하는 대규모 식품단지인 '메가 푸드 파크(Mega Food Park)'와 향신료 및 관련 제품 가공산업 단지인 '스파이스 파크(Spice Park)'를 조성하여 인프라 구축과 인센티브를 제공하고 있다. 특히 메가 푸드 파크는 2018년 5월 기준으로 총 42개를 설립해 운영 중이다.

또한 민간 가공 설비 지원을 위해 국립 농산물 및 농촌개발은행 식품펀드를 마련하여 약 3억 달러의 특별 기금을 확보하였다. 중앙은행에서도 식품 가공설비 및 골드체크 부분을 우선순위 대출로 지정해 주는 등 적극적으로 재정을 지원해 주고 있다. 이러한 여러 요인이 식품 가공업의 성장을 이끌고 있다. 하지만 현재까지는 잠재성에 비해 성장이 훨씬 부족한 편이다. 채소와 과일 생산량의 약 2%만이 가공되는 수준이다. 브라질과

메가 푸드 파크에서 장보고 있는 시민(사진 출처: PTI)

미국이 각각 70% 및 75% 가공 비중을 보이는 것과는 현저한 차
이다. 식품 가공업의 약 65%가 영세 기업으로 기초가공 및 저
장시설 등이 부족하다. 이런 취약점이 우리 기업에는 큰 기회가
될 수 있다. 현재 인도는 음료, 유제품, 육가공과 관련한 기계수
요가 높은 편이다.

　우리나라에서 간편식 등 다양한 제품군과 R&D 능력을 보유
한 CJ, 오뚜기 등 식품 가공 대기업과 중견기업이 인도에 진출
하여 13억 인도인의 식성에 맞는 식품을 출시한다면 인구가 감
소하고 있는 한국에서보다 더 높은 성장을 구가할 것이다.

　또한, 인도인의 최대 소비 육류인 닭고기의 생산-운송-판매의 유통구조가 취약하여 불편하고 청결하지 못하다. 닭 가공 분야에 강점이 있는 하림그룹 등도 인도에 진출하여 체계적인 육고기 생산과 유통구조를 구축한다면 성공할 가능성이 높다.

38. 고급화를 지향하는
우유 및 유제품 시장

　인도는 종교적인 이유로 채식주의자가 많다. 전 세계 채식주의자의 70%를 차지할 정도다. 채식주의자는 어떤 종류의 동물성 식품을 섭취하느냐와 하지 않느냐에 따라 5가지 유형으로 나누어진다. 모유를 제외한 모든 종류의 동물성 음식을 섭취하지 않는 비건(Vegan)을 제외한 다른 유형의 채식주의자들은 공통으로 우유를 섭취한다. 인도인의 채식 문화는 종교적 이유와 오랜 기간 동안 축적된 문화의 결과다. 특히 인도에는 우유를 활용한 식품이 많다. 인도는 소를 신성하게 여기기 때문에 암소로

부터 얻는 우유와 이를 가공한 버터, 요거트 등의 유제품 역시 신성하다고 여긴다. 인도 대부분 요리에 사용되는 버터기름 역시 우유에 기반한 식품이다. 인도인이 즐겨 마시는 전통차인 짜이나 요거트 음료인 라시 등은 모두 우유가 들어간다 해도 과언이 아닐 정도로 인도 문화 속 우유와 유제품의 위치는 확고하다. 이러한 배경에 기인하여 인도는 현재 세계 최대의 우유 및 유제품 생산 국가이면서 동시에 가장 큰 소비 시장이다. 그러나 인도 젖소의 낮은 번식 능력, 부실한 영양 관리, 부족한 수의사 인력 등으로 인도의 우유 생산량은 세계 표준 생산량보다 훨씬 낮다.

인도에는 우유 및 유제품을 사용한 다양한 음식이 있고, 관련 제품도 많다. 해당 시장의 규모는 매우 크다고 할 수 있다. 인도의 우유 및 유제품 시장은 비교적 전통이 깊고, 오래되었다. 최근 현대식 생산 공정과 조직적이고 체계적인 유통 및 판매 구조를 도입하면서 향후 3년간 연평균 성장률이 약 22~24%까지 예상된다. 아이스크림과 치즈, 요거트와 같은 유제품 시장 역시 조직적인 형태로 조금씩 변해가면서 급성장할 것으로 기대된다.

인도의 유제품 가공량은 하루에 약 7,300만 리터다. 앞으로는 1억 리터 상당으로 성장할 것이다. 유제품 생산량이 높은 북 인도 지역인 우타르프라데시 주, 펀자브 주, 하리아나 주와 같은 곳에서의 유제품 생산량은 더욱 높아질 것으로 전망된다. 아직은 여전히 비조직적인 형태의 유제품 유통, 판매 구조 비율이 약 80%를 차지하고 있어 생산량은 증대하나 유통, 판매 채널과 관련 인프라의 성장은 더딜 것으로 예측된다.

인도는 소를 신성시하는 종교적인 배경으로 소 도축을 거의 하지 않는다. 그렇다 보니, 우유를 많이 얻을 수 있다. 또한 다른 나라와 비교해 우유 가격이 저렴한 편이다. 실제로 매일 아침에 인도 전통차인 짜이와 요리를 하기 위하여 많은 인도인이 소량의 우유를 구매한다. 이때 구매하는 250mL 미만의 우유는 대부분 10~25루피(한화 약 160~400원) 정도다. 1000mL의 우유 역시 마트에서 판매되는 가격대는 100루피(한화 약 1,600원) 내외로 매우 저렴하다.

인도는 매우 더운 국가로 남인도 지역은 1년 365일 무더운 날씨가 이어진다. 또한 전기 사정이 열악해 냉장 및 냉동 기능이 떨어진다. 그러다 보니 250mL 내외의 적은 양의 우유를 소비하는 형태가 주다. 인도 우유 및 유제품 시장 진출 시 가장 고려해야 할 부분이다.

인도의 우유 및 유제품 시장의 유통 및 판매 구조는 전통적으로 지역에 위치한 농장에서 매일 아침 생산되는 우유를 밀크맨(Milk Man)이라 불리는 개인 배달업자들이 각 가정을 방문하면서 우유를 판매하는 형태다. 마더 다이어리(Mother Dairy)와 아물(Amul)과 같은 대기업들의 성장과 함께 빅 바자(Big Bazza), 하이퍼 마켓(Hyper Market) 등 체인형 마켓이 생겨나면서 전통적인 구조가 현대적인 구조로 변화되고는 있다. 그러나 여전히 전통적인 형태의 유통 구조가 절반 이상이다.

인도 신용 평가 기관인 인도 S&P의 보고서에 따르면 인도의 우유 및 유제품 시장은 비조직적인 형태의 유통, 판매 구조가 전체 시장의 65% 이상을 차지하고 있다. 밀크맨들을 통하여 작은 마을 혹은 거주 밀집 지역 단위로 우유가 유통 및 판매되는 것이 대부분이다. 주요 대도시 내에서도 여전히 심심찮게 밀크맨들이 우유를 배달하고 있다.

인도 우유 및 유제품 시장 내의 주요 제품에 대한 내용을 소개하기 위해서는 인도의 짜이, 라시와 같은 전통 음료와 우유 및 버터가 사용되는 각종 전통 음식에 대한 논의가 필요하다. 이 부분은 차치하고, 현재 인도 내 유통 구조를 통하여 일반 소비자들에게 판매되는 우유 및 유제품 관련 주요 브랜드와 제품들은 다음과 같다.

아물(AMUL)

　　인도인에게 우유 및 유제품에 대해서 이야기하면 가장 먼저 떠오르는 브랜드다. 아물은 인도 시장에서 독보적인 위치를 차지하고 있다. 1946년 설립된 이 회사는 인도에서 가장 오래된 우유 및 유제품 업체이면서 동시에 가장 규모가 크다. 아물은 브랜드 자체에서 이미 신뢰와 품질을 주는 포지셔닝을 하였다. 우유 이외에도 우유 파우더, 초콜릿, 버터, 파니르(우유를 응고, 발효시켜 만든 인도 전통 음식), 치즈, 휘핑 크림 등을 온·오프라인 채널을 통하여 판매하고 있다.

마더 다이어리(MOTHER DAIRY)

　　아물과 함께 인도 우유 및 유제품 시장을 양분하고 있는 대형 업체다. 1974년에 설립되어 아물에 비해서는 늦게 시장에 진출했지만 이미 40년이 넘은 업체다. 아물과 달리 마더 다이어리 브랜드를 명시한 자체 판매 대리점을 통하여 적극적인 마케팅과 판매를 이어가고 있다. 마더 다이어리는 델리 NCR 지역 내에서는 독보적인 시장 점유율을 보이고 있다. 우유를 비롯하여 아이스크림, 라씨와 같은 유제품, 그

리고 최근에는 식용유와 가공식품, 과일 주스 등도 생산하여 판매한다.

크왈리티 리미티드(KWALITY LIMITED)

크왈리티는 시장 점유율과 판매율, 그리고 업체 규모 면에서 인도 시장에서 주로 3, 4위 정도지만 아물과 마더 다이어리 규모와 비교하였을 때는 약 50%가 되지 않는다. 1992년에 설립되어 다소 늦게 인도 시장에 진출했다. 크왈리티는 인도 내수 시장보다는 해외 시장에 눈길을 돌리면서 생존해 나가고 있다. 현재 20개가 넘는 국가에 우유 및 유제품을 수출하고 있다. 인도 시장에서는 다이어리 베스트(Dairy Best)라는 브랜드로 우유 및 유제품을 유통, 판매하고 있다. 내수 시장에서의 점유율도 조금씩 올라가고 있다.

아빈(AAVIN)

아빈은 남인도에 위치한 타밀나두 주를 기반으로 했다. 1958년에 설립된 비교적 오래된 업체다. 일반 우유를 비롯하여 맛을 첨가한 우유, 크림 우유 그리고 치

즈와 버터 등의 제품을 판매하고 있다. 주요 거점 지역은 타밀나두 주를 비롯한 남인도 지역에 한정되어 있다. 하지만 이 지역에서는 마더 다이어리보다 브랜드 인지도가 높다. 소비자들이 뽑은 최고의 제품, 그리고 가장 많이 팔리는 제품 리스트에항상 아빈의 제품이 있을 정도로 경쟁력 있는 업체다.

롯데제과가 인수한 인도 2위 아이스크림 업체 하브모어

한국 기업 중에서 롯데제과가 인도 서북부 지역의 유명 아이스크림 업체인 '하브모어(Havmor)'를 2017년 11월에 1,650억 원에 인수했다. 아마다바드를 거점으로 확실한 브랜드 인지도가 있는 하브모어는 2018년부터 초코파이 판매 루트를 연계한 전국적인 판매망을 갖추고 영업을 확대하고 있다. 2018년 매출액이 1천억 원 수준에 이를 것으로 전망된다.

향후 인도의 냉장·냉동 인프라 시설이 개선되고 소득 수준이 높아짐에 따라 인도 아이스크림 시장은 연평균 15% 이상의 성장을 보인다. 하브모어는 아이스크림 시장을 주도해 나가는 리딩 플레이어(leading player)로서의 포지션을 확보하는 전략을 차질없이 시행해가고 있다.

인도 국민은 최근 소득 수준이 급격히 향상됨에 따라 우유 및 유제품 시장에서 고품질의 프리미엄 제품을 점점 선호하고 있다. 한국인, 일본인 등 대부분의 외국인은 고품질의 다양한 유제품이 많지 않아 본국으로부터 장기간 보관이 가능한 팩우유를 다량으로 수입하여 먹고 있다. 서울우유, 매일우유 등 한국 유제품 생산업체들은 인도에 진출해 급성장하고 있는 인도 시장에서 한국의 업그레이드된 기술과 유통 방식을 적용하면 성공할 가능성이 높다.

39. 네슬레 인디아,
인도 유제품 시장을 사로잡다

　스위스에 본사를 둔 세계 최대 규모의 식음료 기업이자 혁신 기업으로 잘 알려진 네슬레는 1961년에 펀자브 주에서 첫 제조 공장을 가동하였다. 1969년에는 타밀나두 주에서 차(Tea) 제품을 생산하기 시작하였다. 1966년에 인도 수상으로 선임된 인디라 간디가 외국인 투자 규제를 강화하는 정책을 도입하면서 인도 정부는 이미 사업하고 있는 외국인 기업들에도 지분 감축을 요구하였다.

　이에 네슬레 인디아도 지분율을 100%에서 40%대까지 줄일 수밖에 없었다. 설상가상으로 유제품을 생산하는 현지 기업들이 속속 등장하면서 경쟁이 심해갔다. 네슬레 인디아는 현상 유지 정책을 고수하면서 때를 기다렸다. 1991년 인도 정부가 외환위기를 맞아 경제개혁 개방정책을 시행하자 1993년, 1995년, 1997년에 잇따라 새로운 공장을 가동하였다.

인도 네슬레는 현재 힌두스탄 유니레버와 인도 최대 담배 제조사인 ITC에 이어 인도 3위인 일용소비재 기업이다. 유제품 및 이유식 분야 1위, 우유크리머 1위, 인스턴트면과 케첩 1위, 인스턴트 커피 1위, 초콜릿 제품 2위에 올라있다.

매출에서 가장 큰 비중을 차지하는 품목은 유제품, 이유식(46%), 그 뒤를 이어 즉석요리·소스(23%), 음료(17%), 초콜릿·과자(14%) 순이다.

네슬레 인디아는 2017년을 기준으로 매출액 1조 6천억 원, 영업 이익이 3,400억 원이다. 매년 영업 이익률 20% 이상의 고도성장과 고이익률을 실현하고 있다.

네슬레 인디아의 최근 4년간 경영 실적

(단위: 억 원)	2015년	2016년	2017년	2018(F)년
매출액	13,000	14,656	16,000	19,040
영업 이익	2,544	2,880	3,400	3,940
영업 이익률	19.5%	19.6%	20%	21%

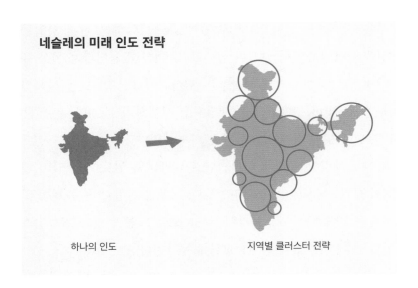

네슬레의 미래 인도 전략

하나의 인도   지역별 클러스터 전략

　인도 전역에 7개 공장을 분산 배치하여 운영하고 있는 네슬레 인디아는 향후 양적 성장을 도모하는 데 초점을 맞추고 있다. 자사 제품의 보급률을 높이기 위해 '지역별 클러스터 기반 접근 방식'을 채택해 지역별로 차별화된 전략을 추진 중이다. 네슬레 인디아 회장인 수레시 나라야난은 "인도 안에 수많은 인도가 있다. 그래서 우리의 핵심 전략은 인도를 10~15개의 지역 클러스터로 세분화하고 나눌 수 있는 조직 구조를 발전시키는 것이다"라고 언급했다.

　네슬레는 자체 분류한 클러스터 지역에 특화된 브랜딩, 유통, 채널 전략, 마케팅, 프로모션 등에 대한 맞춤형 전략을 개발하기 위해 가상조직을 꾸려 운영하고 있다. 계획을 보다 신속하게 수행할 수 있는 적절한 수준의 권한을 부여하기 위해서다. 네슬레는 상위 100개 도시의 점유율을 현재와 같이, 혹은 그 이상으로 유지하면서 지역별 클러스터 전략을 통해 추가적인 3백~4백 개 도시의 점유율도 확보한다는 전략을 세워 시행 중에 있다.

네슬레는 소스류, 커피, 제과 등 제품군에 대해 지역별로 차별화된 제품을 출시하고 있다. 네슬레가 이러한 전략을 통해 중·단기적으로 3~5%의 매출 상승효과를 본다면 지역별 클러스터 전략은 본격화될 것이다.

40. 누가 물류 산업의
강자가 될까?

전 세계 물류 시장은 13,126조 원 규모로 2016년부터 2022년
까지 연평균 3.48% 성장할 것으로 예상된다. 인도의 물류 시장
은 경제성장에 따른 중산층의 구매력이 향상해 가공식품, 일용
생활소비재(FMCG: Fast-Moving Consumer Goods) 제품에 대한 소
비 확대 및 저온유통(Cold-chain) 시장이 성장하는 추세로 식품
창고 증가, 제조업 확대에 따른 물류 수요까지 증가하고 있다.
인도 기업들이 물류 관련 비용을 절감하기 위해 추진하는 아웃
소싱물류(제3자 물류)의 경우 2019년까지 8조 원 규모까지 성장

할 것으로 예상된다. 외국 투자에 대한 100% 지분 소유가 가능하기 때문에 글로벌 물류 기업들의 진출 가능성이 높을 것으로 보인다.

현재 인도의 도로 수송 분담률은 60%로 높지만 도로 사정은 열악하다. 미국의 절반 수준인 시간당 30km 정도이다. 열악한 인프라를 개선하기 위한 정부의 적극적인 노력에 따라 고속도로, 수로, 철도, 항만 민영화 등 물류 부문에 외국인 직접투자 유입이 증가하고 있다. 인도의 물류 시장 규모는 1,300조 원 규모다. 향후 연간 10% 이상의 성장이 예상되며 2032년까지 4,032조 원까지 확대될 것으로 보인다.

인도는 복잡한 통관 절차와 열악한 인프라 환경 때문에 물류 시스템이 매우 비효율적이다. 따라서 선진화된 물류 노하우를 가진 글로벌 기업들이 진출하면 성공 가능성이 높다. GDP 대비 물류 비율이 미국이 9%인데 비해 14%로 높은 편이다.

인도 물류 산업은 운송업 60%, 저장업 25%, 포워딩 10%, 부가가치 물류 5%로 구성되어 있다. 도로 운송이 36%, 철도 19%, 수로 5%, 항공 1%이다.

첫 번째로 운송업 동향을 살펴보면 모디 정부의 대대적인 인프라 투자 계획으로 열악한 물류 환경이 개선될 것으로 전망된다. 육송 물류 시장 규모는 현재 50조 원 정도이다.

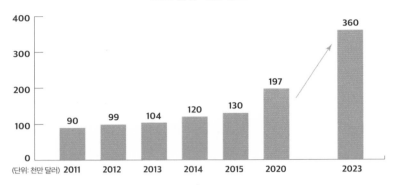

인도 물류시장 규모

(단위: 천만 달러)

2011	2012	2013	2014	2015	2020	2023
90	99	104	120	130	197	360

거대한 대륙의 장거리 운송은 철도가 전담하고 있으며 철도와 연계를 위해 근처에 ICD(Inland Container Depot)와 CFS(Container Freight Station)가 위치한다. 인도 철도의 특징이라면 세계 최대 규모의 승객을 수송하고 세계 4대 규모의 화물을 수송한다는 것이다. 석탄, 철광석, 곡물, 철강재, 비료 등을 수송하는 화물 부문에서 약 70%의 수익이 발생한다.

두 번째는 창고업 동향이다. 약 80%의 제품 창고는 정부나 주, 공공 기관의 소유이고 통합세제인 GST 시행으로 단일거래창고 형성이 예상된다. 예전 세제 체제하에서는 상품의 주간 경계 이동 시 진입세·통행세(제품의 2~3%)가 부과되었다. 그러나 GST 시행에 따라 진입세·통행세가 폐지되면서 주간 교역이 활성화되어 물류 이송량이 증가하고 있다. 실제로 트럭 운송

시간의 평균 16%가 주 경계를 통과하는 데 사용되고 있다. 하루 트럭 운송 거리도 선진국 650Km에 비해 많이 떨어진 평균 250Km 수준이다.

인도 물류 업체 중 전국적 강자는 없다. 업종별, 지역별로 물류사가 할거하고 있다. 주요 운송업체는 철도운송에서는 Container Corporation of India(Concor), Adani Group, Dubai Port World, 자동차 운송에서는 Transport Corporation of India(TCI), CFS/ICD, 창고에서는 Concor, Gateway Distriparks Ltd, Asian Granito India Ltd 등이 있다.

한국계 물류사는 LG 상사 계열의 범한판토스가 LG전자의 제품 이송을 근간으로 비즈니스 범위를 확대하고 있다. CJ 그룹 산하 CJ대한통운은 다슬(Darcl Logistics)을 인수하여 소비재보다는 산업재를 중심으로 영업하고 있다.

41. 사업 기회가 무궁무진한
패션 산업

　인도는 최근 몇 년간 7%대의 고도 경제 성장세를 보이며 소득 수준이 올라가면서 의류, 잡화와 같은 소비재 시장이 크게 팽창하고 있다. 특히 인도 유통업 컨설팅업체인 테크노팩(Technopak)에 따르면 인도 패션 의류 시장은 460억 달러(2016년 기준)에서 향후 10년간 연평균 9.7%의 고속성장이 예상된다. 2026년에는 시장 규모가 1,150억 달러에 이를 것으로 전망된다. 여성복이 연 평균 11%의 가파른 성장률을 기록하며 현재 175억 달러에서 440억 달러로 시장 규모가 커질 전망이다.

2026년에는 여성 의류 매출 비중이 남성 의류 매출을 추월할 것으로 분석되고 있다. 여성 의류의 경우 여성의 사회 진출이 늘고 패션 트렌드와 스타일에 대한 인식이 확산되면서 인도 전통 의상인 사리와 살와르 카미즈 수요가 줄고 서구 패션이 대세를 이룰 것으로 전망된다.

의류, 섬유 및 패션 액세서리 시장 점유율

남성복	여성복	아동복	유니폼	유니섹스 의류	기타
32%	29%	13%	8%	7%	11%

성별, 나이대별 시장 상황 및 주요 품목 소개

구분	내용	인기 품목
남성 의류	2016년 기준 230억 달러 규모이며, 전년 대비 12.5% 매출이 확대됨. 인도 의류 시장의 특이한 점은 남성 의류의 비중이 타 국가에 비해 높다는 것. 발리우드 영화와 서구 문화 콘텐츠의 영향으로 남성 패션 시장이 크게 확대됨.	정장 셔츠, 청바지, 재킷 및 코트, 바지, 정장 슈트, 전통복장
여성 의류	2016년 기준 174억 달러 규모이며, 전년 대비 11.2% 매출이 확대됨. 전통 의류가 50%가량을 차지하며, 상당수가 비현대적인 유통 채널을 통해 소비되기 때문에 여성 의류 시장의 규모가 상대적으로 작은 편. 다만, 최근 경제 성장과 서구 문화 콘텐츠 영향으로 직장 여성을 중심으로 서양식 의류 소비가 증가함.	크롭-탑, 셔츠와 블라우스, 재킷 및 코트, 바지, 청바지, 오프숄더 드레스 및 탑, 전통복장
아동 의류	2016년 기준 146억 달러 규모이며, 전년 대비 20% 매출이 확대됨. 경제성장에 따른 가처분 소득의 증가와 맞벌이 및 핵가족의 확대로 아동 관련 제품 전반에 대한 수요가 크게 확대되고 있는 추세. 상대적으로 남아용 의류의 매출(80억 5천만 달러)이 높은 가운데, 유아용 제품의 성장세가 27%로 타 연령대에 비해 압도적임.	남아용 티셔츠(스포츠, 공룡, 자동차 디자인), 여아용 티셔츠(요정, '아빠의 딸' 콘셉트 디자인), 남아용 셔츠, 여아용 스커트
의류 액세서리	2016년 기준 40억 달러 규모이며, 전년 대비 14.5% 매출이 확대됨. 대표적인 비공식 부문 시장으로, 대부분의 소비가 비현대적인 유통 채널을 통해 이뤄지고 있음. 이에 전체 패션 의류 시장 매출의 1%만을 점하고 있음.	벨트, 넥타이, 스카프, 가방, 레이어드, 목걸이

자료원: 유로모니터(2017), KOTRA 뉴델리 무역관

최근 인터넷과 모바일 인프라가 개선되면서 캐시 온 딜리버리(Cash On Delivery)를 통한 배송 편의성을 바탕으로 온라인 시장을 이용하는 소비자가 급격히 증가하고 있다.

본래 인도는 열악한 인프라로 유통 분야가 영세하고 백화점과 같은 현대화된 유통 채널이 발달하지 못했다. 최근 조사에 의하면 약 5,100만에서 6,000만 명이 온라인을 통해 관련 제품을 구입하고 있는 것으로 추정된다. 자료에 따라 편차가 있으나 온라인 비중이 10%에 이르며 약 40억 달러 안밖의 매출이 발생하는 것으로 추정된다. 보스턴 컨설팅 그룹은 2020년까지 인도 패션 온라인 시장이 120억~140억 달러까지 확장될 것으로 예상하고 있다.

이렇게 빠르게 성장하는 시장에 진출하여 매년 두자리 이상의 성장률을 보이는 패스트 패션(Fast Fashion) 브랜드는 '자라'(Zara)와 'H&M'이다.

2010년에는 자라는 타타 그룹과 합작으로 사업을 시작하여 현재 뉴델리, 뭄바이, 첸나이 등 주요 도시에 20개 매장을 두었다. 향후 계속 확장할 계획이다. 인도 자라의 2018년 매출액은 2천억 원, 영업 이익은 130억 원 정도 예상된다. 자라보다 5년 정도 늦게 진출한 H&M은 2020년까지 천억 원을 투자하여 매장을 50개 정도 증대할 계획이다. 1위 업체인 자라를 따라잡겠다는 야심 찬 중장기 계획을 수립하고 빠른 속도로 실행하고 있어 향후 자라에 버금가는 의류 업체로 성장할 것으로 보인다.

한국 의류 업체로는 이랜드가 있다. 이랜드는 인도에 2010년에 진출해 안정적으로 성장하는 것으로 알려져 있다. 또한 최근 세계적인 스판텍스 열풍에 힘입어 효성 그룹이 마하라슈트라 주 내 아우랑가바드에 스판텍스 공장을 건설 중이다.

인도 의류 시장은 빠르게 성장하는 기회의 시장이다. 또한 인터넷 인프라가 개선되면서 온라인을 통한 장애 요인이 제거된 인구 13억의 거대시장이다. 또한, 예전에는 노출이 있는 서구식 복장에 거부감이 심했으나 급격한 경제성장과 도시화, 현대화로 인해 서구식 복장에 대한 수요가 크게 확대되고 있다. 더불어 쇼핑몰과 같은 현대적 유통 채널이 확대되고 온라인 마켓이 확산하면서 2, 3선 도시에 거주하는 전통적인 소비자들의 수요를 흡수하는 유망한 시장이 되었다. 다국적 브랜드로 성장하고 있는 휠라, 형지그룹 등 한국의 중대형 의류업체들이 인도에 진출하여 사업 기회를 잡았으면 한다.

42. 인도 제지 시장에서
수출거리를 찾자

　인도는 세계에서 가장 빠르게 성장하는 제지 시장 중 하나다. 2030년까지 연평균 6% 이상 성장할 것으로 전망된다. 인도의 일 인당 평균 종이 사용량은 13kg로 전 세계 평균 일 인당 소비량 57kg, 미국의 200kg과 비교할 때 매우 낮은 수준이다. 고도 경제 성장에 따른 소득 증가, 급속히 진행되는 도시화율, 늘어나는 식자율, 컴퓨터 사용 인구 증가 및 ATM 기계 등의 증가에 의해 매년 종이 소비량이 급증하고 있다.

　글로벌 종이 소비량은 연간 4억 톤 정도이고, 인도의 글로벌 시장 규모는 4%이다. 중국, 미국, 일본이 전 세계 종이 생산량의 50% 이상을 소비하고 있다. 인도의 2018년 종이 소비량은 1,850만 톤이 예상된다. 인쇄용과 필기용은 2016년부터 2019년까지 연간 4.2% 성장이 전망된다. 2019년 소비량은 530만 톤으로 예상된다. 포장용과 골판지용이 제일 높게 성장할 것으로 보인다. 연평균 8.9% 성장과 970만 톤이 소비될 것이다. 인도 국내 제지업체들의 원가 경쟁력이 FTA를 체결한 아시안 국가와 한국 그리고 중국보다 떨어져 매년 200만 톤 이상을 이들 국가에서 수입하고 있다. 제지산업은 철강과 화학산업과 달라 인도 정부로부터 수입 제한 규제가 없어 자유롭게 수입되고 있다. 제지산업의 수입량은 이들 산업에 비해 상대적으로 낮기 때문에 한동안 해당 제품 관련 수입 규제 조치가 부과될 가능성은 낮다.

인도는 전체 면적의 22%가 숲이다. 78%가 비(非)숲(Non-Forest Area)이고 폐지 회수율은 30% 이하로 극히 낮다. 따라서 제지 공장들은 펄프, 목재 등 소재를 주로 수입에 의존하고 있다. 인도 내의 부족한 원자재 공급 상황은 산업진흥을 위한 적절한 정책이 마련되지 않았기 때문이다. 이것은 인도의 펄프 및 제지산업의 주요 제약 요인으로 작용하고 있다. 인도 제지협회에 따르면 인도 펄프 및 제지산업의 연간 매출 규모는 77억 달러이며 약 200만 명이 동 직종에 종사하고 있다고 한다. 인도 제지업계에서는 이미 제지 가용량을 늘리기 위해 상당한 자본을 투자했다. 하지만 구상 기간이 길고 원자재 및 기타 투입재의 가용성 그리고 비용, 수입 증가의 문제로 경제성이 높지 않아 추가 투자를 주저하고 있다. 제지산업의 목재에 대한 수요는 연간 900만 톤의 가용량에 비해 1,100만 톤으로 2025년까지 1,500만 톤으로 증가할 것이 예상된다.

인도 제지산업이 어려운 조건하에 운영되고 있는 가운데, 앞에서 잠깐 언급했듯이 FTA 발효 이후 종이와 판지, 신문용지 등이 저렴한 비용으로 수입 증가 추세를 유지하고 있다. 작년 상반기 종이 수입량은 105만 톤으로 전년에 비해 60%가 증가하였다. 인도-아세안(ASEAN: 동남아국가연합) FTA에 따라 2015년부터 기본 관세가 10%에서 무관세로 전환되었다. 한국도 FTA에 따라 2017년부터 무관세가 적용되고 있다.

인도 주요 제지 업체

기업명	개요	제품 범위
JK Paper Ltd. (India)	- 홈페이지: http://www.jkpaper.com - 오디샤(Odisha) 및 구자라트에 연간 45만 5천 톤의 가용량을 갖춘 2개의 대형통합용지 제조장치를 보유 - 브랜드 인쇄용지 분야의 선두주자이며 아트지(광택지)와 고급포장용 판지의 상위 2개 업체 중 하나 - 188개의 도매상, 10개의 창고 및 4개의 지역 마케팅 사무소, 4천여 명의 딜러를 대상으로 하는 광범위한 유통망을 통해 판매됨.	- 업무용 서신 종이 (JK Cedar, JK Copier, JK Easy Copier, JK Sparkle, JK Copier Plus and JK Excel Bond. New brands 'JK CMax' and JK Max.) - 포장용 판지 (JK TuffCote, JK Ultima, JK TuffPac, JK IV Board) - 인쇄 및 필기 용지 (JK Cote, JK Ledger, JK SHB, JK Evervite, JK Finesse, JK Elektra, JK Lumina, JK Ultraprint, JK Esay Draw) - 특수 종이 (MICR Cheque paper, Parchment, Cedar digital)
West Coast Paper (India)	- 홈페이지: http://www.westcoastpaper.com/ - 인도에서 인쇄, 필기 및 포장용 종이의 가장 오래되고 가장 대규모 생산사임. 연간 32만 톤의 생산이 가능한 6개의 다기능 기계를 운영함.	- 필기, 인쇄, 비즈니스 문구류, 특수 및 산업 및 포장 등 여섯 가지 제품 부문에 걸쳐 52~600개의 고급용지 및 보드의 프리미엄급 용지를 생산함.
ITC Paperboards and Specialty Papers Division (India)	- 홈페이지: http://www.itcpspd.com/ - 남아시아 최대 포장 및 그래픽 보드제조업체 중 하나로 4개의 제조공장이 있음. - 바하드라차람 공장은 41만 2천 톤의 판지와 14만 톤의 종이 생산 능력을 갖추고 있고, 코임바토르 근처의 공장은 연간 약 10만 9천 톤의 생산 능력을 보유하고 있음. 서벵골 공장은 연간 약 3만 6천 톤의 고품질 종이를 생산 가능함. 하이데라바드 근처의 네 번째 장치는 폴리 압출 코팅 판지의 가용량이 연간 45만 톤임.	- 포장 판지 (Coated Virgin Boards, Recycled Boards) - 특수 및 그래픽 판지 (Poly Coated, Graphic, Biodegradable Barrier) - 특수 용지 (Cigarette Tissues and Components, Communication Packaging, Décor, Niche Products)
SONA PAPERS (India-Importer)	- 홈페이지: www.sonapapers.com - 1966년에 설립. 그들의 비전은 최고급 종이 상인으로서 선두에 서는 것이었음. - 세계 유수의 제지 공장과의 제휴 및 세계 최고급 종이의 독점 대리점을 통해 다른 업체보다 우위를 확보할 수 있었음. - 뉴델리, 뭄바이, 첸나이, 콜카타, 벵갈루루, 하이데라바드, 아흐메다바드, 푸네, 수랏, 고치, 찬디가드, 자이푸르, 실리그리, 인도르 및 보팔과 같은 주요 도시에 본사를 두고 있음.	- 이탈리아 구르뽀꼬르데논스(Gruppo Cordenons), 프랑스아조위긴스(Arjowiggins), 오스트리아몽블랑(Mont blac)에서 각각 고급 파인페이퍼, 크리에이티브파인페이퍼, 100% 재활용지를 수입하고 있음. 한국 회사 한솔에서 고급벌크 파인페이퍼를, 스웨덴뮌켄(Munken Design Range)에서 아크틱페이퍼를 수입하고, 한국 원방 드라이보드(WonBang dry board)에서 합지를 수입함.

43. 인도 스마트시티와 개발형 건설 사업

인도 건설업은 인도에서 농업 다음 두 번째로 큰 사업 분야다. 인도 GDP에서 11%의 비중을 차지하며 국가경제발전에 큰 기여를 하고 있다. 약 4천만 명이 이 분야에 종사하고 있다. 최근 몇 년간 인도 경제의 고도성장에 따라 인도 건설업은 호황세다. 2017년에 모디 정부의 화폐개혁에 따른 여파로 5% 성장했으나 2018년에는 경기 회복으로 6.1% 성장이 전망된다.

현재의 인도 건설 시장 규모는 1,040억 달러로 미국, 중국, 일본에 이어 세계 4위 수준이다. 2025년까지 연간 7~8%의 성장률이 예상된다. 2025년에는 3,400억 달러 규모에 도달할 것이다. 이는 한 단계 도약한 전 세계 3위의 규모다. 인도는 건설시장 분야에서 큰 잠재력을 가진 국가로 평가되고 있다. 인도 정부는 2018년 예산안에 619만 달러를 사회 간접자본 건설 분야에 할당하였다. 해당 예산안은 스마트시티, 주거 개선, 에너지 프로젝트 등의 건설에 대한 투자 예산으로 정부는 정책적으로 사회 간접자본에 대한 확충과 개선에 큰 노력을 기울이고 있다.

현재 인도 건설업에서 스마트시티 건설이 핵심 분야로 떠오르고 있다. 인도의 도시 인구는 4억 명으로 전체 인구의 31%를 차지한다. 일자리를 찾아 농촌 인구가 도시로 급속히 유입되고 있다. 2050년에는 현재에 비해 2배가 늘어난 8억 명이 도시에 거주할 것으로 전망된다. 이에 따라 도시는 주택 부족, 에너지 부족, 심각한 교통난 등 여러 가지 복합적인 문제가 야기될 것이다. 모디 총리는 이러한 문제를 "똑똑한 도시를 만들어 해결하겠다." 즉, 자급자족형 '스마트시티'를 건설하겠다는 방안을 정부의 주요 정책으로 결정하였다. 인도 정부는 100대 스마트시티를 건설하여 에너지 절감, 도시 기관 시설 노후화 개선 등 도시 경쟁력을 강화하기 위해 향후 76조 원의 자금을 투입할 계획이다. 이와 같은 스마트시티 건설은 경험과 역량이 부족한 인도 로컬 건설회사보다는 글로벌 건설회사들이 참여해 주기를 희망하고 있다. 현재 미국, 스페인, 독일계 건설회사들이 인도 정부와 MOU를 체결하는 등 적극적인 행보를 보인다. 한국에서는 LH 주택공사가 최근 사무소를 오픈하여 스마트시티 건설에 참여하기 위한 수주 활동을 적극적으로 벌이고 있다.

건설 경기가 호조 되면서 뚜렷한 성장세를 보이는 분야는 건설기계 분야다. 인도의 인프라 투자 금액은 지난 10년간 평균 15.1% 증가했다. 이에 따라 인도 내 건설기계 판매량도 2013년 5만 6천 대, 2016년 7만 6천 대, 2020년 9만 7천 대로 지속적으로 증가하고 있다. 건설기계는 타 시장에서는 렌탈 비율이 높으나 인도는 복잡한 세금 구조로 렌탈 비율이 현저하게 낮다.

인도 건설기계 시장에서 판매량이 제일 높은 제품은 백호 로더(Backhoe Loader)이다. 아시아, 미주 지역보다는 유럽에서 주로 사용하는 제품이다. 앞면에는 로더가, 후면에는 굴착기가 장착되어 멀티태스킹이 가능한 장점이 있다. 대형 건설 현장에 투입되기에는 굴착기(Excavator)에 비해 내구성이 떨어진다. 장기적으로는 굴착기 판매량이 증가할 것으로 예상된다. 굴착기 판매량은 2015년 23%에서 2018년 29%로 확대되었다. 인도 건설기계의 68%는 주택 및 공공시설 건설을 위한 정지작업에 사용되고 있다. 판매는 전국에 구축된 딜러망을 통해 이루어지고 있다. 2016년 기준으로 타타히타치(TATA-Hitachi)가 35%, 현대건설기계가 18%, 고마츠(L&T-Komatsu)가 12%의 시장점유율을 보이고 있다.

현대건설기계 백호 로더 제품

2008년도 푸네에 공장을 건설하여 인도 현지에서 건설기계를 생산 중인 현대건설기계는 인도 건설 경기의 호조와 품질 경쟁력을 바탕으로 안정적으로 흑자를 내고 있다. 최근 한국 건설업체들이 아파트 등 주택 분야에서 많은 수익을 내고 있듯이 인도에서도 인도 로컬 건설사들은 단순 프로젝트 수주보다는 아파트 건설과 일반 빌딩 건설 사업에서 많은 돈을 벌고 있다. 인도 부동산 시장은 2013년 79조 달러에서 2017년 140조 달러 규모로 급성장하고 있다.

인도에 진출한 한국 건설사들은 고층 건물과 플랜트 건설 위주의 단순 수주 활동에 치중하고 있다. 수익성이 좋지 않은 편이다. 이러한 저수익 수주를 타개하기 위해 2018년 8월 미쯔비시 상사는 인도 부동산 업체 스리람 프로퍼티와 함께 인도 첸나이에 아파트를 짓는 주거용 건설 프로젝트에 참여하였다. 중국의 부동산 개발업체 컨트리 가든은 2018년 7월에 뭄바이에 본사를 둔 현지 부동산 업체인 시디 그룹과 현지 프로젝트 진행을 위한 전략적 제휴를 맺기도 했다. 한국 건설사들이 향후 많은 수익을 창출하기 위해서는 차별화된 브랜드 아파트 건설 및 분양 그리고 스마트빌딩 건설 등 개발형 사업을 해야 할 것이다.

44. 레저 산업,
고급 수요를 겨냥하라

관광 및 휴양을 포함한 인도 레저 산업 규모는 2016년 기준으로 인도 GDP의 9.6%에 해당하는 230조 원이다. 2027년까지 연 7% 성장이 예상되며 시장 규모는 460조 원까지 커질 것으로 보인다. 레저 산업에 종사하는 사람은 현재 3천 8백만 명이나 2026년에는 4천 6만 명으로 늘어날 것으로 전망된다. 레저 산업은 인도의 외국투자(FDI) 중 10위를 차지하며 2000~2016년까지 10조 원이 유치되었다.

인도인들이 인도 국내에서 본인의 레저를 위해 소비한 금액은 2016년에 204조 원이고, 9백만 명의 외국인들이 인도를 방문하여 사용한 금액은 29조 원이다. 2016년에 외국 여행객 상위세 나라는 방글라데시, 미국 및 영국이다. 방글라데시 140만 명, 미국이 130만 명, 영국이 90만 명을 기록했다.

레저 산업 수요가 늘어나는 요인으로는 국민소득 증가에 따른 중산층 확대와 가처분 소득 증대, 도로, 항공 등 개선된 사회 인프라 그리고 '인크레더블 인디아(Incredible India)'와 같은 정부의 관광 프로모션 캠페인이 주효했다.

인도의 소득 증가와 함께 중산층 이상의 인도인들은 태국이나 필리핀 등 동남아 국가들이 제공하는 수준의 레저 산업의 서비스와 양질의 시설을 갈망하고 있다. 하지만, 인도 레저 산업은 이들 국가와 비교해 볼 때 많이 낙후되어 있다. 인도에도 리조트와 같은 콘도가 있으나 한국, 일본처럼 회원제가 아닌 호텔과 같은 시스템으로 운영되고 있다. 시설은 질적인 면에서 한국보다 많이 떨어진다.

인도의 고급 레저 수요를 겨냥해서 한때 제2위 국내 항공사였던 사하라 그룹이 뭄바이와 푸네 중간에 위치한 휴양 도시인 로나발라(Lonavala)에 앰비밸리 시티(Aamby Valley City)를 건설하였다. 산악 지역에 총 1,300만 평 면적을 확보하여 호텔, 인공 호수, 회의 시설, 고급 레스토랑, 18홀 골프장, 비행장, 국제학교 등이 있는 초호화판 리조트 도시다.

앰비밸리 투자가들은 사하라 그룹이 앰비밸리 건설 시 약 4조 원을 인도 금융위원회(SEBI) 승인 없이 불법으로 조성하였으므로 투자자에게 되돌려 주어야 한다는 소송을 제기하였다. 법원에서는 사하라 그룹에 지불 명령을 내렸다. 사하라 그룹이 이 명령을 따르지 않아 법원은 2018년 초에 앰비밸리 운영을 중단시켰다. 현재 앰비밸리의 부채는 이자가 늘어 5조 8천억 원으로 증가하였다. 매각을 위해 한 차례 경매를 실시하였으나 매입자가 없었다. 사하라 그룹에서는 뉴욕호텔과 2개 부동산을 매각하여 1,600억 원의 지불 공탁금을 법원에 보증하여 2018년 하반기에 재가동을 승인받았다. 그러나 경매는 계속 진행될 것으로 보인다.

앰비밸리는 인도 경제 수도인 뭄바이와 중부 지역 최대 산업도시인 푸네 중간 지역에 소재한다. 산악 지역에 위치했지만 도로, 항공 등 인프라가 완벽하게 구축되어 접근하기 좋다.

'인도에도 이런 휴양지가 있구나!' 할 정도의 탄성을 자아낼 만한 휴양 여건과 시설을 갖추고 있다. 다만, 휴양 하드웨어는 거의 완벽하지만 운영 주체인 사하라 그룹이 레저 산업에 대한 경험이 부족하고 건설 자금 운용이 투명하지 않아 부도 상태라는 문제가 있다. 한국에서 자금이 풍부한 삼성, SK 그룹 등이 인수하여 이곳에 병원, 디즈니랜드와 같은 위탁 시설, 학교, 호텔, 컨벤션 센터를 건설하면 많은 수익을 낼 수 있으리라 기대한다.

앰비벨리 시티에 조성된 인공호수와 편의 시설

　　인도는 아직까지 의료, 레저 산업, 컨벤션 등 휴양 및 레저 산업이 많이 낙후되어 있다. 인도인들은 높은 수준의 서비스와 시설을 갈망하고 있다. 다른 개발도상국들과 마찬가지로 인도의 부동산 가격은 매년 가파른 상승 곡선을 그리고 있다. 부동산 투자처로서도 상당히 매력 있는 매물이다. 현재 법원이 주체가 되어 경매를 실시하고 있어 매입 후 법적 문제는 없을 것이다.

45. 화학 제품 시장
   공략법

　인도는 아시아에서 세 번째로 큰 화학 제품 생산국으로 세
계 생산량은 6위고 판매량은 5위다. 제12차 국가경제계획 기간
(2012~2017)에 화학산업은 13~14%의 성장을 이루었으며, 석유
화학 부문은 연간 8~9% 성장세를 보였다. 인도 화학산업은 화
학(Chemicals), 석유화학(Petrochemicals), 농화학(Agro-chemicals),
특수화학(Specialty chemicals), 착색화학(Colorant chemicals)과 같
은 다양한 분류로 구성되어 있다.
　인도 화학산업은 GDP의 3%를 차지하는 인도의 핵심 산업

이며 7만 개 이상의 상용제품이 생산되고 있다. 최근 자동차, 가전, 건축, 보온재 등 전방산업의 발전이 가속화되면서 다양한 화학 제품에 대한 수요가 더욱 확대될 것으로 전망된다. 세부 분야별로 보면 특수 화학 제품 시장은 지난 5년 동안 14% 성장했다. 2020년까지 710억 달러 규모로 성장할 것으로 예상된다.

인도 착색 시장 규모는 68억 달러 규모이며 생산량의 75%를 수출하고 있다. 현재 인도는 전 세계 염료, 염료 매개체, 활성산, 직접 염료의 16%를 생산하고 있다. 인도의 주력 화학 제품인 석유화학 제품은 인도의 5대 수출 품목으로 2020년 미국, EU, 중국과 함께 세계 4강에 진입할 것으로 보인다. 인도 플라스틱 산업협회에 따르면 인도 석유화학을 포함한 전체 인도 화학산업 규모는 2016년 1,390억 달러에서 2025년 4,030억 달러 규모로 성장할 것이라고 한다.

인도의 석유화학 산업은 1991년 개혁을 기점으로 하여 수입 대체 및 자급도 제고를 위한 활발한 신·증설과 높은 내수 증가와 더불어 생산 규모 면에서 본격적인 성장 단계로 진입하게 됐다. 이후 인도 정부의 규제 완화와 무역 정책의 변화로 석유화학 제품의 수요 확대와 투자 증가가 가속화되는 한편 외자합작 사업과 기술이전도 촉진되고 있다. 현재 석유화학산업은 구자라트, 마하라슈트라, 웨스트 벵갈 3개 지역에 87.64%가 집중되어 있는 상황이다.

인도 석유화학 제품의 생산 구조는 기초 원료, 중간재, 하류 제품 또는 최종 소비재까지 모두 생산하는 거의 완전한 수직계열화다. 여타 동남아 국가와는 달리, 인도는 기초 원료의 생산을 시작으로 수요가 직접 발생하는 최종 단계(컴파운드, 성형가공)와 하류 제품(합성수지 등의 폴리머 제품)으로 확대하는 선진국형 성장 모델을 따르고 있다. 따라서 인도의 석유화학 산업은 비교적 늦은 출발에도 불구하고 풍부한 설비와 노동력, 일부 분야에서 고급의 기술력을 보유하고 있어 향후 성장 가능성이 클 것으로 평가받는다.

현재 인도는 하류 제품으로 LDPE, PP, PVC 등 합성수지부터 AN, DMT, MEG 등의 합성원료, PBR 등의 합성고무, LAB와 EO 등의 계면활성제, 용제, 아크릴 섬유에 이르기까지 다양한 제품군을 생산하고 있다.

석유화학 제품은 현재 인도의 5대 수출 품목이며 1위를 차지한 섬유 제품 중 합성섬유의 원료로서 주력 수출 분야이다. 게다가 이전에는 대부분의 생산량을 국내 소비 또는 재생산에 투입하였으나, 최근에는 국내의 초과하는 공급량을 해외로 수출하기 위한 노력을 전개하고 있다. 최근 대부분의 다국적 기업은 종래 개도국 자급화의 협력이나 원료의 안정적 확보보다는 지역별 생산 거점의 구축을 목표로 해외 수출을 추진하고 있다. 이와 같은 추세에 따라 서구와 일본 대기업들의 적극적인 현지 진출도 인도 석유화학 산업 성장을 촉진하는 역할을 담당하고 있다.

석유화학 제품을 인도로 수출하고자 할 경우, 선형저밀도폴리에틸렌(LLDPE)과 염화비닐수지(Binders for pigments) 품목이 유망하다.

한국은 인도에 가장 많은 선형저밀도폴리에틸렌(LLDPE)을 공급하는 국가 중 하나이다. 선형저밀도폴리에틸렌은 인도에서 자체적으로 수급하지 못하기 때문에 많은 양을 수입하고 있다. 따라서 선형저밀도폴리에틸렌 수출량을 높일 수 있을 것이다. 염화비닐수지를 포함하는 중합체(Polymer) 부문에서 인도는 현재 세계 3위 수요국이며, 시장 규모는 대략 1,440억 달러 수준이다.

인도 내 중합체(Polymer) 생산량은 1,000만 톤이며 수입량은 330만 톤 수준을 유지하고 있다. 중합체(Polymer) 수요량은 의류와 자동차 부문에서 8~10%의 수요 증가율을 보이며 증가 추세에 있다. 인도 정부는 해당 품목에 대한 외국인 투자(FDI)를 100% 개방함으로써 수입량이 지속적으로 증가할 것으로 예상된다.

현재까지는 한국 화학업체들이 인도 현지에 생산공장을 건설하여 내수 판매하기보다는 한국에서 직접 수출하는 방식을 취하고 있다.

LG화학은 기초소재로 분류되는 PVC 판매를 지속하는 한편 자동차용 배터리 공급을 늘려나간다는 계획이다. LG화학은 2018년 초 인도 자동차 업체인 마힌드라&마힌드라와 계약을 맺고 2020년부터 향후 7년간 NCM(니켈·코발트·망간) 기반의 배터리 셀을 공급하기로 했다. LG화학이 전기차 배터리 셀 공급을 통해 시장 선점 효과를 최대로 끌어올릴 수 있다면 인도 시장에서 안정적인 수입원을 창출하는 것도 멀지 않았다는 것이 대체적인 견해다.

한화케미칼도 연간 60만 톤 이상 생산되는 PVC 판매처로 인도 시장을 주목하고 있다. 한화케미칼은 PVC를 기반으로 인도 시장을 공략하는 한편 고부가 화학 제품인 염소화폴리염화비닐(CPVC)의 첫 수출국으로 인도를 택했다. 이 같은 계획을 실현하기 위해 한화케미칼은 2017년 인도에 CPVC 전담 영업팀을 파견해 현지 수출 동향을 모니터링하는 등 인도 수출에 공을 들이고 있다.

SKC도 인도 시장 공략에 나섰다. SKC는 2017년에 일본 미쓰이화학과 합작회사 MCNS를 설립, 본격적으로 인도 시장 공략에 나섰다. SKC는 인도 시장에 이미 진출해 있는 현대자동차,

삼성전자, 도요타, 닛산 등을 대상으로 폴리우레탄을 판매한다는 계획이다.

중장기 관점에서 볼 때 인도의 화학 제품 소비는 높은 성장률을 유지할 것이다. 이는 급속하게 시장이 확대되고 있음에도, 인도의 일 인당 화학 제품 소비량이 다른 국가에 비해 미미하기 때문이다. 인도의 일 인당 화학 제품 소비량은 전 세계 소비량의 5분의 1 수준이다. 따라서 단기적으로는 현지 진출에 따른 환경 이슈 등 제약 조건이 존재하기 때문에 한국 화학업체들은 현재의 단순 수출 방식이 유리하다. 그러나 인도에서 생산이 가능한 제품은 인도 정부에서 수입 장벽을 설치하고 있기 때문에 인도에서의 비즈니스 확대를 위해서는 현지 생산 체제를 구축하는 것이 적절한 전략일 것이다. 인도 현지에서 화학 제품을 판매하고 있는 종합상사와 한국 화학 업체 지사원들은 "인도는 화학 제품 종류가 워낙 다양하지만, 현지의 기술이 부족해 수입에 의존하는 제품이 많다. 또한 인도 로컬 화학 업체들은 타 산업군과 달리, 합작하는 분위기가 형성되어 있다. 기술력 있는 업체라면, 현지 파트너를 찾아 합작을 검토해 볼 필요가 있다."고 제언한다.

46. 매력적인
플라스틱 시장

　인도가 세계 최대 플라스틱 시장으로 부상하고 있다. 인도는 이미 2015년에 미국과 중국에 이어 플라스틱을 많이 소비하는 국가가 되었다. 모디 총리는 화폐개혁, 세제 개편 등 경제개혁 조치를 추진하고 있으며, IMF 등 경제기관들은 향후 인도 경제 성장률을 7~8%대로 전망하고 있다. 경제 규모가 빠르게 확대되면서 인도 플라스틱 수요 역시 견고하게 증가할 것이다.

　인도에서 소비되는 연간 플라스틱 물량은 약 1,300만 톤이다. 인도 인구가 13억 명이 넘는다는 점을 감안하면, 인도 국민이 일 인당 소비하는 플라스틱 물량은 연간 10kg이 되지 않는다. 이는 글로벌 평균(34kg) 대비 30% 수준에 불과하다. 인도와 인구 규모가 비슷한 중국은 지난 15년간 연평균 경제성장률이 15% 수준으로 고도 경제성장기를 경험하였다. 같은 기간 중국의 일 인당 플라스틱 소비량은 15kg에서 52kg으로 약 3.5배 성장했다. 중국 사례로 봤을 때, 인도 역시 본격 성장기에 접어들면서 플라스틱 수요 성장이 가속될 것이라는 기대감이 생겨나고 있다.

일반적으로 신흥국에서는 일 인당 국내총생산(GDP)이 5,000달러에 도달하는 과정에서 플라스틱 소비량이 급격히 증가한다. 한 국가의 경제 성장 초기에는 건자재, 잡화 등 생활필수품 관련 제조업이 발달한다. 이들 산업에서 주로 소비하는 원료가 범용 플라스틱이다. 일 인당 GDP가 5,000달러를 달성한 이후에는 경제 구조가 고도화되면서 플라스틱 소비량 증가세가 완만해진다. 중국은 지난 25년간 평균적인 플라스틱 수요 성장 패턴을 원만하게 따라갔다. 반면, 인도는 아직 일 인당 GDP와 일 인당 플라스틱 소비량이 모두 낮은 수준이라 본격적인 수요 성장 패턴을 확인하기에는 다소 이르다.

한 국가에서 플라스틱 수요가 성장하기 위해서는 자국 내 건자재, 포장재, 자동차, 전자·전기 등 플라스틱을 다량으로 소비하는 전방산업이 활성화되어야 한다. 중국은 제조업이 발달하여 자국에서 생산한 제품을 수출하는 반면, 인도는 제조업이 미성숙해 자국에서 소비하는 제품의 상당 부분을 수입에 의존하고 있다. 즉, 인도 플라스틱 수요가 의미 있는 수준으로 성장하기 위해서는 전방산업의 활성화가 선행되어야 한다.

최근 인도에서는 플라스틱 수요 성장을 뒷받침할 변화들이 나타나고 있다. 향후 인도 플라스틱 수요와 관련해 ① 인도 정부의 주거환경 개선 사업 추진 ② 현대식 유통 확대 ③ 내구재 산업 성장이라는 세 가지 변화가 있다. 이러한 변화는 플라스틱 관련 전방산업의 수요를 촉진하고, 수입 의존도가 높은 제품을 자체 생산으로 대체하면서, 인도 내 플라스틱 소비량을 증가시킬 것이다. 전방산업에서 나타나는 변화들이 진행되는 속도에 따라서 인도의 플라스틱 소비량 증가 속도 역시 달라질 것이다.

인도의 플라스틱 수요는 2022년까지 연평균 8.3% 성장할 전망이다. 그렇지만 현재 계획된 신증설 물량만으로 수요를 충족시키기 어려울 것이다. 2022년 수요는 1,983만 톤인데 생산력은 1,401만 톤으로 582만 톤의 공급 부족이 예상된다.

인도 정부는 자국의 정유 및 석유화학산업을 육성하기 위해 2007년부터 인도 석유화학 투자지역(PCPIR: Petroleum, Chemicals and Petrochemical Investment Regions) 정책을 추진해왔다. PCPIR

정책은 인도 국영 정유사의 정제 설비를 중심으로 석유화학 다운스트림 사업을 확장하여 세계 최고 수준의 복합화학단지를 조성하겠다는 계획이다.

인도 정부는 PCPIR 정책 초기부터 적극적으로 외국 기업의 투자를 유치하겠다는 방침을 세웠으나, 결과적으로는 대규모 투자를 이끌어 내지 못했다. 그 이유는 크게 두 가지다. 첫째는 2009년 당시 세계 금융위기로 인한 거시경제 환경이 악화되면서 석유화학업계는 전반적으로 투자가 위축된 상황이었다. 둘째는 인도 주 정부가 PCPIR 조성과 관련한 토지 수용 및 인프라 투자에 적극적이지 않았기 때문이다.

그러나 최근 인도 정부 및 각 주 정부는 인도 석유화학산업에서 국내외 민간 투자자들을 유치하기 위해 투자 여건을 개선해 나가고 있다. 다음과 같은 세 가지 측면에서 가시적인 변화들이 나타나고 있다.

첫째, 사업 부지 확보에 대한 민간 투자자의 부담이 낮아지고 있다. 인도는 토지 수용 규정이 까다롭고, 이와 관련해 주민 반발이 거세기 때문에 사업 부지 확보에 시간이 오래 걸리고 보상 비용도 많다. PCPIR을 추진하는 주 정부에서는 민간 투자자의 부지 확보 부담을 낮추고자, 사전에 이미 확보한 부지를 민간 투자자에게 임대하는 방식을 활용하고 있다.

둘째, 석유화학단지 운영에 필수적인 기본 인프라가 확대되고 있다. 인도 정부는 외국인 투자 유치를 확대하기 위해 인도 전역에서 인프라 투자를 강조하고 있다. 인프라 투자에 배정된 정부 예산 역시 2016년 340억 달러에서 2018년 920억 달러로 2년 사이에 2.7배 증가했다. 인도 정부가 인프라 투자 확대에 나서면서 전력, 도로, 항구를 중심으로 인프라가 빠르게 개선되고 있다.

셋째, 세금 체제 개편으로 인도 현지 생산 기업에 유리한 환경이 조성되고 있다. 인도 정부는 2017년 인도 전역에 공통적으로 적용되는 통합간접세(GST)를 도입하였다. GST 시행으로 유통 절차가 간소화되고, 세금 체계도 투명해지면서 인도 현지 생산 기업의 과세 부담이 완화될 것으로 보인다. 이와 동시에 인도 정부는 자국 산업 육성을 위해 관세 인상을 추진하고 있다. 2018년부터 자동차, 전자제품 및 이와 관련된 부품에 대한 관세는 기존 7.5~15%에서 15~25%로 대폭 인상되었다. 인도 정부가 석유화학산업 육성에도 관심을 기울이면서, 현재 7.5~10% 수준인 플라스틱 관세 역시 인상될 가능성이 있다.

인도의 석유화학 사업과 관련해 투자 여건이 개선되고, 글로벌 경기가 회복되면서 인도 플라스틱 시장 진출에 관심을 표명하는 외국 기업들이 나타나고 있다. 근래에는 사우디 아람코

(Aramco)와 대만 석유업체 CPC(中油公司)가 각각 수조 원대 투자를 통해 인도 시장에 진출하겠다는 계획을 발표했다. 사우디 아람코는 인도국영정유사연합(IOCL, BPCL, HPCL)이 마하라슈트라주에서 추진 중인 440억 달러 규모의 정유-석유화학 콤플렉스에 50% 지분으로 참여하겠다는 MOU를 체결하였다. CPC는 구자라트 주에서 58억 달러를 투자해 납사크래커(NCC: Naphtha Cracking Center)를 포함한 석유화학설비를 건설할 계획이라고 발표하였다. 향후, 인도 정부의 투자 환경 개선 노력이 지속되면서 더 많은 기업이 인도 시장 진출을 검토할 것으로 예상된다.

한국 석유화학업계도 인도 시장을 주목하기 시작했다. 한국 플라스틱 수출량 중 5%가 인도로 수출되고 있다. 그 규모는 2012년 66만 톤에서 2017년 85만 톤으로 증가하고 있다. 최근에는 인도 정부가 다양한 채널을 통해 적극적인 투자 환경 개선을 약속하며, 한국 석유화학기업들의 투자를 독려하는 상황이다.

그러나 국내 기업들은 아직 인도 플라스틱 시장 진출에 신중한 자세다. 그 이면에는 크게 두 가지 불안감이 있는 듯하다. 첫 번째는 인도 수요 성장에 대한 불안감이고, 두 번째는 인도 정부 정책의 불투명성과 주민 갈등 같은 돌발 변수로 인한 투자 실패에 대한 불안감이다.

향후 인도 플라스틱 시장은 수요 급증으로 공급이 부족한 매력적인 시장으로 변모되고, 인도 정부에서 관세 인상 등으로 수입 장벽을 설치할 가능성이 높다. 따라서 이제 막연한 불안감에서 벗어나 현지 진출을 모색해보기 바란다.

47. 세계 3위의
인도 영화 시장

인도는 영화 산업이 발달한 것으로 유명하다. 인도 영화를 일명 '발리우드(Bollywood)'라고 한다. 발리우드는 뭄바이의 옛 지명인 봄베이와 할리우드의 합성어로 양적으론 세계 최대를 자랑하는 인도의 영화 산업을 일컫는 단어다. 참고로 인도는 극장 영화 제작 편수에서 매해 1,000편 이상을 만드는 유일한 나라다. 기네스북에서도 등재될 정도로 극장 영화를 가장 많이 만든다.

현재 인도 영화 시장은 21억 달러로 세계 3위까지 올라섰다.

1위가 미국 영화(114억 달러), 2위가 중국 영화(66억 달러)다. 영국 영화(17억 달러), 프랑스 영화(16억 달러), 한국 영화(15억 달러)까지 제친 순위이다.

앞으로 미국 영화 시장을 따라잡을 가능성이 있는 유일한 영화 시장으로 꼽히고 있다. 현재까지 인도 영화 시장은 영화관 멀티플렉스화와 영화 보급 자체가 더딘 편이다. 인구 대국의 특성상 인도의 경제 성장에 따라 급성장할 가능성이 크다. 인도 영화 산업은 매년 11.5% 성장률을 기록하고 있으며 2020년까지 37억 달러 규모로 커질 것으로 기대된다.

발리우드의 주류는 '맛살라 영화(Masala Movie)'라고 하는 뮤지컬 영화다. 보통 3시간을 넘어가는 긴 상영 시간에 청춘 남녀의 연애담, 얽히고 설킨 가족사 등 통속적인 이야기를 담고 있다. 이에 인도 특유의 음악과 선정적인 남녀 주인공의 몸짓이 어우러진 화려한 군무 장면이 수시로 연출되는 등 지역색이 강하다. 대개의 맛살라 영화는 영화 중간에 춤을 추는데 이것을 ABCD무비라고 부른다. 뜻은 "누구나 춤출 수 있다(Any Body Can Dance)"이다.

춤과 쉬운 이야기, 긴 상영 시간은 인도의 독특한 문화 상황과 관련이 있다. 기본적으로 문맹율이 높고, TV가 비교적 늦은 시기에 보급되어 아직도 TV가 없거나 희귀한 시골이 상당히 있다. 그래서 인도에서는 온 마을 사람이 모여서 보는 영화는 중요한 유희거리다. 시간을 보내기 위해 길게 만들었고, 통속적인 이야기라 두루 공감할 수 있다. 또한 춤을 넣은 것은 내용을 몰라도 춤은 즐길 수 있기 때문이다. 얼핏 보기에는 괴상해 보이는 취향이지만 합리적인 이유가 숨어 있다.

심지어 인도 영화는 포르노도 맛살라 스타일로 찍는 경우가 적지 않다. 그렇지만 인도 영화라고 맛살라 영화만 있는 것은 아니다. 맛살라 영화라고 발리우드산만 있는 것도 아니다. 즉 {인도 영화}≠{맛살라(뮤지컬)} 영화이며 동시에 {맛살라 영화}≠{발리우드}이다. 물론 맛살라가 주류라는 점은 무시할 수 없다.

참고로 인도 액션 영화도 특색이 있다. 쓸데없이 큰 스케일과 일반적인 상식으로는 절대 이해 못할 퀄리티로 기괴하다. 누군가는 "기술이 부족해 어설퍼 보일 뿐, 이들의 상상력을 뒷받침할 기술만 갖춘다면 그 누구보다 화려하고 멋질 것이다"라고 말하기도 했다. 실제로 돈을 꽤 들인 발리우드 액션의 경우 여전히 과장된 연출은 많다. 하지만 화려하면서도 세련되며 멋진 연출을 자랑한다. 매년 1,000편 이상 영화가 나온다는 것은 그만큼 시장성이 있다는 뜻이다. 덕분에 인도에서는 할리우드 영화도 고전하고 있다. 인도 내 할리우드 영화의 점유율은 10%선으로 인도 국내 영화 점유율(90%)에 턱없이 못 미친다.

인도 영화는 이런 경쟁력에도 그동안 세계시장에서 큰 주목을 받지 못했다. 다민족·다언어 국가인 인도에서는 20여 개 언어로 영화가 만들어진다. 각각의 언어권을 대상으로 하는 만큼 세계인이 공감할 만한 보편성이 부족하다.

하지만 최근에는 발리우드를 중심으로 인도 영화의 해외 진출이 활발해지고 있다. 도시 주민을 겨냥한 액션 영화나 장르 영화, 로맨틱 코미디 등 수준작이 늘면서 해외에서 호평받고 있다. 한국에서 인기를 끈 〈세 얼간이〉, 〈내 이름은 칸〉 등도 발리우드 영화이다.

작품성도 인정받고 있다. 인도 사법 시스템을 고발하는 영화 〈법정(Court)〉은 2014년 베네치아 영화제 오리종티 부문 대상을 받았다. 2017년 칸 영화제에 출품된 〈런치박스〉는 관객상을, 베를린 영화제에 내놓은 〈다낙(무지개)〉은 제너레이션K 부문 최우수 작품상을 받았다. 발라지 텔레필름이 제작해 2018년 개봉한 〈우드타 펀자브〉는 인도 펀자브 지방의 마약 문제를 다룬 작품으로, 그동안 인도 영화에 빠지지 않았던 집단 춤과 노래 장면을 아예 없앴다. 2018년 인도에서만 600만 명이 보았고, 작품성과 흥행성을 인정받아 북미와 영국, 뉴질랜드 등지에서도 개봉됐다.

인도에서 인기 있는 배우는 아저씨 같은 푸근함과 콧수염에

뱃살도 있는 경우가 많았다. 한국에서 '뚜룹뚜룹뚜 만사마 송'으로 알려진 'Tunak Tunak Tun'을 부른 유명한 인도의 국민 가수 달러 멘디 같은 배우가 인기 있었다. 그러나 요즘은 별로 그렇지 않다. 정확히 말하면 예전엔 그런 배우들이 대세였지만, 요즘은 세계화 덕분인지 얼짱 몸짱 배우들이 인기를 끌고 있다. 인도 영화계의 신적 존재라 할 수 있는 샤룩 칸을 비롯한 아미르 칸, 살만 칸 등 인도 영화계에서 주연급으로 널리 활약하는 남자 배우들은 대개 탄탄한 근육질 몸을 자랑하는 경우가 많다.

발리우드의 3대 칸 아미르 칸(좌), 샤룩 칸(중), 살만 칸(우)

디피카 파두콘

　이들 인지도 있는 남자 배우들의 연간 수입은 300~400억 원 수준이다. 이러한 부를 바탕으로 샤룩 칸을 비롯한 몇몇 톱 배우들은 인도의 최고 인기 스포츠인 크리켓 구단을 운영하고 있다. 그리고 인도 여자 배우들은 전 세계에서 가장 아름다운 배우들로 평가받고 있다. 현재 가장 매력적이고 재능 있는 여자 영화배우 1위는 디피카 파두콘이고, 2위는 영국 어머니와 인도인 아버지를 둔 혼혈계 카트리나 카이프, 3위는 미스월드 출신인 프리앙카 초프라이다.

　인도의 영화 산업은 다른 콘텐츠 산업에 비해 매우 발전된 단계이며 자국 영화에 대한 충성도가 높아서 한국 영화의 완성

작을 판매할 가능성은 높지 않다. 따라서 한국 영화업계는 인도 특성을 고려하여 공동 제작으로 진출을 모색해야 할 것이다.

인도에는 한국과 공동 제작을 희망하는 기업들이 다수 있다. 한국 영화는 액션, 심리학적 긴장감이 흐르는 영화들의 완성도가 높은 것으로 평가되고 있다. 한국 유명 감독들도 인도에서 인지도가 높다.

최근 인도 영화업계는 국제화를 경험하고 있다. 여전히 자국 영화에 대한 충성도가 높지만 인도 영화는 스토리 전개 능력과 기술적인 측면에서 해외 영화에 대한 수요가 빠르게 늘어나고 있다. 영화 시장 규모가 한국에 비해 엄청나게 크지만, 대체적으로 낙후되어 있다. 영화배우 양성은 전문학원에 의존하고 있으며 한국처럼 SM이나 YG 같은 대형 매니지먼트사가 없다. 하얏트 등 글로벌 호텔 사들이 인도에 호텔 관리 시스템 판매를 통해 이익을 얻고 있듯이 SM, YG와 같은 한국 대형 기획사들이 매니지먼트 시스템을 런칭하기 위해 합작 방안을 모색할 필요가 있다.

48. 전 세계
　　게임 허브가 되다

　세계적인 IT 개발 강국인 인도는 게임 시장도 크게 성장하고 있어 앞으로 글로벌 게임 시장의 큰 수요처로 자리 잡을 전망이다.

　일반적으로 게임 시장은 콘솔, 컴퓨터, 모바일 및 기타 미디어를 활용해 즐길 수 있는 전자게임 시장을 의미한다. 현재 게임 시장은 아시아태평양지역(중국, 일본, 한국, 인도)이 전 세계 시장의 수요를 견인하고 있다. 인도 게임 시장은 중국의 알리바바, 텐센트 등의 후원에 힘입어 디지털 게임 시장이 급속도로 성장 중이다.

글로벌 시장조사 업체인 테크사이 리서치(Techsci Research)에 의하면 인도 게임 시장 규모는 2016년 5억 4,300만 달러에서 2022년 8억 100만 달러 규모로 성장할 것이라고 한다.

전 세계 게임 시장에서 인도 게임 산업은 0.55%(2016년)의 비중을 차지한다. 그러나 가처분소득이 증가하고, 아날로그 게임에서 전자 게임으로 선호도가 변화되는 등 성장 요인이 매우 많다.

인도의 게임 산업은 모바일 게임이 성장을 견인하고 있다. 애플스토어와 플레이스토어를 통해 2016년에만 약 16억 개의 게임 애플리케이션이 다운로드됐다. 이는 2015년 대비 약 58% 증가한 수치다.

애플리케이션과 같은 무선연결 게임 이전에는 콘솔 기반의 게임이 큰 인기를 끌었다. 그러나 모바일 인터넷 사용자가 증가하고, 신규 및 고급 게임 개발이 활성화되면서 모바일 게임 시장이 크게 성장하고 있다.

인도 게임 산업 규모 현황 및 전망 (단위: 100만 달러)

구분	2012년	2014년	2016년	2020년(예상)	2022년(예상)
시장 규모	356	453	543	711	801

자료원: 테크사이 리서치

인도 게임 산업의 분야별 시장 점유율 현황

구분	모바일 게임	콘솔 게임	컴퓨터 게임
2016년	48.94%	35.52%	15.54%
2020년(전망)	49.95%	36.07%	13.99%
2022년(전망)	50.45%	36.34%	13.21%

자료원: 테크사이 리서치

　　인도 모바일 게임 시장은 가상현실(VR) 게임의 도입, 프리미엄(Preemium) 게임의 증가에 따라 2022년까지 4억 달러(4,295억 원) 규모를 넘어설 것으로 전망된다. 특히 모바일 게임 다운로드 횟수 기준으로는 전년에 비해 두 계단이 상승한 세계 5위(2016년)다. 몇 년 안에 브라질(3위)과 러시아(4위)를 추월할 것으로 보인다.

　　프리미엄 게임은 무료로 다운로드가 가능하고 이용할 수 있지만 사용자가 비용을 지급하지 않으면 특정 일부 기능을 이용할 수 없다. 대표적으로 클래시 오브 클랜(Clash of Clan), 캔디크러시(Candy Crush), 포켓몬 고(Pokemon Go), 템플 런(Temple Run)이 있다.

　　온라인 마켓 전문 조사기관인 앱 애니(App Annie)에 따르면 애플리케이션 다운로드 방식으로 유통되는 모바일 게임 시장은 2016년 16억 달러(1조 7,182억 원) 규모에서 오는 2020년까지 세 배 이상 성장한 53억 달러(5조 6,916억 원)를 보일 것으로 추정된다.

게임 콘텐츠를 기준으로 볼 때 전략 게임이 가장 인기가 있고 캐주얼, 액션, 스포츠, 시뮬레이션 게임이 그 뒤를 잇고 있다. 캐주얼 게임이란 자투리 시간을 활용해 간단하게 즐길 수 있는 게임을 말한다. 연평균 6.73% 수준으로 성장해 오는 2022년까지 1억 1,950만 달러(1,283억 원)의 시장 규모로 성장이 예상된다.

세계적인 종합회계·재무·자문그룹인 KPMG 보고서에 따르면 인도 내 온라인 게이머 숫자는 2021년까지 1억 9천만 명이 예상된다. 특히 도시 모바일 게이머의 60%는 24세 미만 젊은 층으로 온라인 기반의 게임에 노출되는 빈도가 높다는 특징을 보인다.

인도의 온라인 게이머는 퍼즐, 액션 및 어드벤처 게임 콘텐츠를 선호한다. 게임 유형으로는 휴대폰을 이용한 모바일게임을 가장 선호한다. 마니아층으로 갈수록 대형 스크린을 이용한 게임을 선호하는 경향이 있다.

인터넷 이용률 증가와 저가 스마트폰 보급으로 인한 스마트폰 사용률 증가로 인도 게임 산업은 더욱 성장할 것이다. 현재 31%에 불과한 인터넷 이용률은 오는 2021년까지 53%로 증가하고 스마트폰 사용자는 4억 7천만 명에 달할 것으로 전망된다. 인도는 스마트폰을 이용하는 인구수는 중국보다 적지만, 사용량에서는 중국보다 월등히 높다.

특히 최근 인도 정부가 단행한 디지털 결제 수단의 도입은 게임 산업에서 특히 중요하게 작용한다. 이전까지 인도에서는 스마트폰 결제를 터부시 해왔다. 현금에 의존한 사회였다. 하지만 지난 2016년 인도에서 500루피와 1,000루피 고액권 지폐의 사용을 중단시키면서 디지털 결제로의 변화가 이루어지고 있다. '검은 돈'을 퇴치하기 위한 화폐개혁이 디지털 결제 수단을 유도한 것이다. 이에 2016년 대비 현재 디지털 결제는 10배가 넘게 성장했다.

페이스북 인도를 담당하는 한 임원은 "현재 인도는 길게는 10년 전, 짧게는 얼마 전 중국의 모습이 엿보인다"고 밝혔다. 실제 인도 인구는 세계 2위, 면적은 세계 7위, 그리고 지역색이 강한 것 등 여러 방면에서 중국과 비슷하다. 이와 같은 특성 때문에 실제 인도 시장의 흐름이 중국과 비슷하게 흘러가고 있다. 인도 게임 시장에서 주목해야 할 점은 중국이 시장의 게임 체인저로 나서고 있다는 것이다. 엄청난 수요를 기반으로 성장한 중국 게임 기업들이 차기 성장 시장을 인도로 삼고, 자국 내의 경험을 살려 인도로 빠르게 진입하고 있다. 슈퍼셀이나 킹, 징가 등 부담 없이 접근할 수 있는 게임들로 글로벌 시장에서 성공을 거둔 플레이어들이 현재 인도 시장에서 성공을 이어가고 있다.

중국 업체와 글로벌 업체들이 시장을 선점하기 전에 한국 게임 업체들의 인도 시장 진입 전략 강구가 필요한 시기라고 생각된다.

넥슨의 김정주 회장이 2D 방식으로 중국에 진출하여 정착한 네오플을 2008년 3,800억 원에 인수하고 대박을 냈다. 2017년 기준으로 네오플의 영업 이익은 1조 600억 원(영업이익률 95%)을 기록하였다. 인도 게임 시장은 10~15년 전의 중국의 모습과 같다고 한다. M&A를 통한 네오플 성공 사례가 인도 시장에서도 이어지기를 기대한다.

49. 인도 시장에서의
철근 사업성

인도 철강 시장 수요 1억 톤 중 50% 약 5천만 톤이 철근, 파이프 등의 조강류 제품이고 5천만 톤이 포스코, 현대제철 등 일관제철소에서 생산하는 판매류 제품이다. 일반적으로 판매류 제품은 산업 고도화가 진행된 중진국과 선진국에 수요가 많고 후진국과 같은 개발도상국에서는 조강류 수요가 많다. 대부분 국가에서 철근은 주로 전기로에서 생산되고 있다. 즉, 판재류를 생산하는 고로에서는 철근 생산을 하지 않지만 인도에서는 JSW, 타타, 세일 등 고로 사에서 철근 수요의 40%인 약 천만 톤을 생산하여 판매하고 있다. 인도 철근 수요는 2018년 기준으로 2,500만 톤이며 북부 지역이 수요 40%, 서부 지역이 36%, 남부 지역이 20%, 동부 지역이 4%를 차지하고 있다. 아파트 건설 증가와 정부의 인프라 확충으로 철근 수요는 향후 연 7% 이상 성장이 예상된다. 주로 전기로와 빌렛을 사용하는 철근 수요의 60%를 생산하고 있는 철근 전문 업체(Secondary Mill)는 약 800개이다. 그러나 철근 수요가 증가하지만 최근 소재인 스크랩가 상승과 빌렛 구매의 어려움 등으로 가동률이 60% 수준까지 감소하고 있다. 그리고 2018년 2월부터 인도 품질 규격인 BIS가 시행되어 수입은 거의 되지 않고 있다.

지역별로 다수의 철근 제작업체가 산재해 있고 운송 문제로 주로 근거리 지역 위주로 판매하고 있다. 하지만 고로 사들은 저가 철도를 이용해 원거리까지 판매하고 있다.

전기로를 보유한 철근 전문업체들은 고로 사에 대비하여 불순물 관리가 어려워 품질이 균일하지 않다.

지역별 철근 메이커 분포 현황(생산 능력 3,900만 톤, 실생산 2,500만 톤)

(백만 톤)	서부	마하라슈트라 주	남부	기타
합계	11	8	8	20
고로	2	2	5	7
전기로	9	6	3	13

철근 시장 가격은 세 그룹으로 형성되어 있다. 브랜드 파워가 높은 타타스틸 제품은 다른 고로 사 대비 톤당 1만 6천 원이 높고 철근 전문업체의 철근 제품은 일반 고로 사 대비 5~6만 원이 낮다. 2018년 7월 도착도 기준으로 타타 제품은 U$ 621/MT, 고로 4사 제품은 U$ 607/MT, 철근 전문 업체 제품은 U$ 550/MT 수준이다. 세계은행(The World Bank)에서 제시하는 생산 원가 기준으로 전기로재는 고로재 대비 U$ 36 고가임에도 불구하고 판매 가격이 낮아 대부분 인도 철근 전문 업체는 적자를 내고 있다. 반면 고로 사들은 높은 판매 가격과 생산 원가의 경쟁력으로 15% 이상 영업 이익을 내고 있는 것으로 파악되었다.

일반적으로 스크랩을 근거리 지역에서 쉽게 구할 수 있는 미국과 같은 국가에서는 뉴코아처럼 전기로 업체가 경쟁력이 있으나 스크랩을 수입하여 사용하는 한국이나 인도의 전기로 업체는 원가 경쟁력이 없다.

철근 사업에서 재미를 보고 있는 JSW 등 인도 고로 사에서 고로 증설을 통해 철근 생산 능력을 확장할 계획을 추진 중이다. 따라서 전기로를 기반으로 한 철근 전문 업체들의 입지는 점점 좁아질 것이다. 한국에서는 사회 경제 정의 유지 차원에서 고로 사가 한국 내에 생산 공장을 짓지 않는다. 즉, 전기로 영역까지는 좀처럼 진입하지 않는다. 하지만 인도는 약육강식의 경제 원리가 적용되는 사회다. 강자인 고로 사만이 살아남을 것이다. 2015년 이후 냉연 제품의 소재인 열연 코일에 대해 반덤핑의 시행으로 수입 소재 조달 경쟁력을 상실한 동국제강과 동부제철 같은 인도 냉연 단압업체들은 대부분 도산했고 인도 고로 사만이 엄청난 수익을 올리고 있다.

결론적으로 전기로를 베이스로 한 인도 철근 시장 진출은 사업성이 없다.

인도 JSW의 철근 브랜드(Neosteel)

50. 상속세 면제로
   번창하는 인도 재벌

    인도는 오랜 세월에 걸쳐서 경제활동이 이어져 왔으나 상대적으로 지역이 제한되면서 18세기 초 아우랑제브 황제의 무굴제국의 전성기까지는 제대로 된 국민 경제가 존재하지 않았다. 이후 무굴제국이 쇠퇴하고 제국이 분열되면서 수많은 작은 국가로 갈라졌다. 이들 국가는 지역 상인과 대금업자에게 의존해 국가를 유지했고 그 결과 여러 상인 집단이 등장하였다. 영국의 식민지 통치와 더불어 19세기 후반부터 본격적으로 영국 무역회사들이 활동하면서 중간상을 하는 인도 기업인들이 등장했다.

이들 중 일부는 주로 상인계층의 혈족 공동체를 형성해 독자적으로 기업 활동을 시작했다. 이 기간 타타(TATA)나 비를라(Birla) 가문이 기업을 형성하고 한 분야에서 성장한 후 다른 분야로 투자를 확대했다. 타타 가문의 경우 이미 영국 식민 통치하에서 섬유, 철강, 호텔, 전력 등 다양한 사업에서 폭넓게 사업을 벌였다.

인도 독립 후 네루 수상은 구소련과 유사한 계획 경제를 도입하였다. 민간 기업들의 사업 범위를 소비재와 경공업에 한정하고 기간 산업과 중공업 분야에서는 정부의 공기업이 활동하는 혼합경제체제를 유지하였다. 하지만 이러한 사회주의적 경제 운영은 결과적으로 대부분 공기업이 엄청난 적자를 기록하면서 실패하고 말았다.

90년 초 인도 경제 정책이 계획경제, 폐쇄경제에서 경제 자유화를 통한 시장경제, 개방경제로 전환되면서 인도의 그룹들이 비약적으로 성장했다. 이들 중 가장 두드러진 그룹은 타타, 아디티야 비를라(Aditya Birla), 릴라이언스(Reliance) 등이다. 인도의 비즈니스 그룹들은 한국과 달리 상속세가 없어 자손 대대로 사업 운영을 지속하고 있다.

타타(TATA)

1868년 잠세티 타타에 의해 설립된 타타 그룹은 재계 100개국 이상에 진출하여 100개 이상의 독립된 회사를 운영하고 있다. 매출액은 120조 원, 종업원이 70만 명 정도인 인도 제1위 비즈니스 그룹이다. 타타 선즈(TATA Sons)가 지주 회사 및 타타 계열사의 프로모터(Promoter)로 주식 보유율이 66%이다.

타타 그룹 회사 중 29개 회사가 주식시장에 상장되어 있다. 2018년 3월 기준으로 회사 가치는 160조 원으로 평가되고 있다.

회사 내 주요 회사로서는 타타스틸, 타타모터스, TCS, 타타파워, 인디아호텔 등이 있다. 현재 타타 그룹은 제3세대인 라탄 타타 회장이 이끌어가고 있다. 독신으로 기업을 물려줄 자녀가 없어 그의 사후에 타타 그룹의 대권은 이복동생인 로엘 타타에게 넘어갈 것이라고 인도 재계는 추측하고 있다.

타타 그룹은 활발한 CSR 활동과 투명성에 힘입어 인도에서 가장 신뢰할 만한 그룹으로 평가되고 있다. 인도에 진출하고자 하는 많은 외국 기업들은 타타 그룹을 파트너로 선정하고 싶어 한다.

아디티야 비를라 (Aditya Birla)

비를라 그룹은 인도의 대표적인 상인계층인 '마르와리'의 일원으로 19세기 중엽 간샴 다스 비를라(Ghanshyam Das Birla)에 의해 설립되었다. 아디티야 비를라의 할아버지 G.D 비를라는 인도가 영국 식민지 기간 중 독립을 위해 마하트마 간디를 적극적으로 후원하고 도왔다. 아디티야 비를라(1934-1995)가 주로 활약하던 시기에는 계획경제가 한창 진행이었다. 그는 정부에서 사업 확장 허가를 내주지 않자 여타 기업과 달리, 해외에서 사업 확장의 길을 열었다. 주로 동남아 국가에 진출하여 섬유 사업을 벌였다.

아디티야 비를라가 죽고 K.M 비를라가 그룹을 물려받았다. 그는 2조 원 사업 규모를 25년 동안 50조 원 규모로 확장시켰다. 그는 사업 구조 조정을 통해 성장이 미약하다고 인식되었던 스폰지철, 식용유, 화학 제품, 정유 등을 처분하고 알루미늄, 비스코스, 시멘트, 카본블랙 등 해외 인수합병을 통해 규모를 늘리면서 경제력을 키웠다. 현재 세계 최대 알루미늄 회사인 힌달코(Hindalco)를 보유한 아디티야 비를라 그룹은 42개국에서 12만 명 종업원이 근무하고 있다. 매출액의 50%는 해외에서 발생한다. 힌달코는 그룹의 매출 비중으로 50% 수준이다.

릴라이언스 (Reliance)

릴라이언스 그룹은 타타 그룹과 아
디티야 비를라 그룹보다 역사도 짧고
모습도 다르다. 창립자 디루바이 암바
니(Dhirubhai Ambani, 1932-2002, DA)는
1960년대 무역업으로 출발, 섬유업에서 사업 가능성을 찾았다.
섬유의 원료인 폴리에스터, 폴리에틸렌, 파라핀 제조 같은 석유
화학 공장을 지은 후 궁극적으로 정유 및 원유, 가스 채굴로 진
출하는 석유화학 일관 통합 과정을 거쳐 주력회사인 릴라이언
스 인더스티리(Reliance Industry)를 2000년대 초 인도 최대의 민
간회사로 성장시켰다. DA는 릴라이언스 그룹의 성장 과정에서
인도의 여타 기업과 다른 행보를 보였다. 타 기업들은 인도의
계획경제 및 인허가 체제에서 성장의 출구로서 대부분 다양한
산업 부문에 진출했다. 그러나 릴라이언스는 일단 석유화학 제
품을 생산한 뒤 다음 단계로 그 제품의 원료 생산 공장을 추가해
나갔다. 석유화학 한 분야의 후방통합방식에 집중했다.

릴라이언스는 석유화학산업의 주력 회사인 릴라이언스 인
더스티리에서 2000년 들어 새로운 산업 분야인 전력, 통신, 건
설, 소매, 금융, 오락, 의료 등으로 확대하였다. 릴라이언스 그룹
은 2002년 창립자인 DA가 사망한 후 2005년 두 아들 무케시 암

바니(Mukesh Ambani: MA), 아닐 암바니(Anil Ambani: AA)로 분할
되었다. MA(Reliance 그룹)는 석유 화학 일관 회사인 릴라이언스
인더스티리와 소매 회사인 릴라이언스 리테일(Reliance Retail)을
맡고 동생 AA(ADAG 그룹)은 2000년 들어 새로 진출한 Reliance
Communication, Reliance Capital, Reliance Power, Reliance
Infrastructure, Reliance Media Networks를 맡았다. 형 릴라이
언스그룹은 주력 회사인 릴라이언스 인더스티리를 계속 확장
해 정유, 폴리에스터 섬유, 파라자일렌(Paraxylene), 폴리프로필
렌(Polypropylene) 등에서 세계적인 생산 능력을 갖추고 늘어가
는 인도 내의 석유화학 수요를 공급하며 수출에 힘쓰고 있다.
Reliance Industries Limited(RIL)의 현재 매출액은 48조 원 수준
이며 몇 년 전에 뭄바이에 27층 개인 저택을 지어 센세이션을
일으키기도 했다.

반면 동생이 맡은 릴라이언스 ADAG 그룹은 통신, 금융, 전
력, 인프라 건설, 오락 등 거의 모든 분야가 신산업 분야로서 경
쟁이 치열한 데다, 수익이 높지 않고 특성상 지속적인 투자를
요구해 금융 분야인 릴라이언스 파이낸스(Reliance Finance)를 제
외하고는 통신, 전력, 인프라 건설, 오락 등 분야에서 시장 점유
율과 주식 가격이 하락하고 있다.

바르티 (Bharti)

bharti

1976년 자전거 부품으로 사업을 시작한 바르티 그룹은 텔리콤, 금융, 유통에서 톱 4 비즈니스 그룹의 위치를 차지하고 있다. 회장인 수닐 바르티 미탈(Sunil Bharti Mittal)은 1995년 통신회사인 에어텔(Airtel)을 설립하여 인도 최대 통신회사로 성장시켰다. 바르티 그룹의 매출액은 현재 24조 원 정도다. 하버드대학교을 졸업한 수닐 바르티 미탈은 몇 년 전에 학교를 빛낸 인물로 선정되었다.

진달 (Jindal)

1952년 마르와리 출신인 OP 진달이 설립한 진달 그룹은 철강과 전력을 주력 사업으로 성장하여 왔다. 2015년 헬기 사고로 OP 진달이 사망한 후 진달 그룹은 JSW, JSL, JSPL, Saw Pipe 그룹으로 나누어졌다. OP 진달은 4형제가 싸우지 않고 서로 협력하여 사업을 일구어 갈 수 있도록 각 사업체를 한 형제가 40%를, 나머지 형제가 60%를 갖도록 하는 골든 쉐어(Golden Share: 황금주) 방식으로 재산을 상속하였다. 릴라이언스 그룹의 두 형제가 사업 이권을 놓고 어머니가 살아계신데

도 법정 소송까지 가는 싸움을 몇 년간 한데 반해 진달 그룹 형제들은 공생 공존해야 하기 때문에 사업을 위해 서로 잘 협력하고 있다. 그래서 재계에서는 OP 진달을 현인으로 평가하고 있다.

4형제 중 둘째인 사잔 진달이 인도 내 최대 철강회사인 JSW를 맡고 있다. 현재 생산 능력(2천만 톤)을 2025년까지 포스코 수준인 4천만 톤까지 증대시키려는 야심 찬 계획을 진행하고 있다. 2018년 진달 그룹의 매출액은 20조 원으로 전망된다.

L&T (Larsen & Toubro)

L&T는 1938년에 2차 세계대전 전, 두 명의 덴마크 엔지니어에 의해 설립되었다. 주력 업종은 엔지니어링, 중장비, 선박 수리, IT 서비스이며 매출액은 19조 원 정도다. 2016년 기준으로 순이익은 9천억 원이며 종업원은 10만 명 수준이다. L&T는 인도 내 패밀리 승계가 되는 타 비즈니스 그룹과는 달리 오너가 없는 퍼블릭회사(Public Company)로 금융 기관이 30%, 일반인이 24%, 외국인 간접투자가 17%로 주요 주주이다. 유럽인이 창업자인 영향으로 기업 분리가 타타처럼 공정하고 투명하여 외국 기업들과 많은 합작 회사를 설립하여 운영하고 있다. 세계 2위 건설장비업체인 일본 고마쓰와 L&T-고마쓰

(L&T-Komatsu), 농기계 업체인 존 디어(John-Deere)와 L&T John Deere, 네덜란드 건설장비업체인 CNH와는 L&T Case, L&T-MHPS Boiles 미쓰비시 중공업과의 합작회사이다.

아다니 (Adani)

아다니는 가우탐 아다니에 의해 1988년에 상품 트레이딩하는 회사로 설립되어 주로 항구 운영, 전력, 자원을 주력 제품으로 취급하는 그룹으로 성장하였다. 문드라 항구 등 6개 항구를 보유한 인도 최대 항구 회사 및 인도 최대 민간 전력 생산업체다.

또한 석탄 광산을 인도, 인도네시아, 오스트레일리아에 보유하고 방글라데시, 중국, 동남아 여러 국가에 판매하고 있다. 2016년 기준으로 1억 7천 톤을 취급하였다. 그룹 매출액은 12조 원 규모다.

마힌드라 (Mahindra)

마힌드라 그룹은 1945년에 마힌드라(Mahindra) 형제와 무함마드(Mohammad)에 의해 설립되었다. 인도

독립 후 무함마드는 파키스탄으로 이주하여 파키스탄 최초의 재무부 장관이 되었다. 그 후 마힌드라는 SUV와 승용차를 생산하는 자동차 생산 전문 회사로 변신하였다. 한국에서는 쌍용 자동차의 모회사로 잘 알려져 있다. 매출액은 16조 원 규모이며 2017년 기준으로 순이익은 7천억 원을 기록했다. 현재 회장인 아난드 마힌드라(Anand Mahindra)는 제2세대로 하버드 대학교를 졸업한 수재이며 경영 전략 운영이 뛰어난 인물로 알려져 있다.

ITC

1910년 담배 회사(Imperial Tabacco Company)로 설립되었다. ITC 그룹은 의류 등 소비자 제품, 호텔, 제지, IT회사 등으로 사업 범위를 확대하며 현재 인도 담배 수요의 81%를 차지하고 있다. 인도 전역에 90개 호텔을 보유한 인도 2위 호텔 체인이다. 매출액은 10조 원 정도이고 오너가 없는 퍼블릭 회사이다. 매출액의 80%가 담배를 통해 발생한다. 영업 이익률이 높은 비즈니스 그룹으로 알려져 있다. 2017년 기준으로 영업 이익이 2조 5천억 원이며, 영업 이익률은 무려 22%다.

51. 자수성가형
신흥 갑부의 급증

'포스트 차이나'로 불리는 인도의 경제 성장세가 계속되면서 신흥 갑부들이 속출하고 있다. 인도 경제는 지난 2015년부터 중국 경제성장률을 앞서기 시작했다.

2016년 기준 10억 달러(약 1조 2천억 원) 이상을 가진 억만장자의 수는 85명에 달했다. 5년 전인 2011년에는 55명 정도였다. 인도의 억만장자 수는 미국, 중국, 독일에 이어 세계에서 네 번째다. 이들 억만장자는 대부분 자수성가한 기업인이다. 설사 상속을 받았어도 자신이 직접 혁신해 기업을 크게 일궜다.

IT를 위시해 생명공학(BT)·제약·정보통신·금융·전자상거래 등 다양한 산업 분야에서 신흥 억만장자 기업인들이 속출하고 있다. 5년 전과 비교해 2017년 포브스의 '인도 억만장자 랭킹 10위' 안에 새로 이름을 올린 갑부는 5명이다. '랭킹 20위' 안에 새로 진입한 사람은 11명으로 절반이 넘는다. 5년간 인도 최고 갑부의 절반 이상이 신흥 갑부로 바뀐 것이다.

재산 총액 167억 달러(약 19조 원)로 인도 억만장자 순위 2위인 딜립 샹비(Dilip Shanghvi)는 세계 5위의 복제약(제네릭) 업체인 선 파마슈티컬 회장이다. 2011년 갑부 순위 11위(67억 달러)에서 2위로 껑충 뛰어올랐다. 5년간 재산을 100억 달러 불린 것이다.

딜립 샹비 회장은 1982년 아버지에게 빌린 돈 1만 루피(약 17만 원)로 사업을 시작해 대성공한 자수성가 기업인이다. 대학을 졸업한 뒤 그는 몇 년간 아버지의 의약품 도매업을 도왔다. 그러다 자신이 생산한 약을 팔면 큰 이익이 날 것이라고 판단해 선 파마슈티컬 회사를 세웠다. 초기에는 정신병 치료제를 위주로 생산했다. 이후 특허가 만료된 복제약품 제조로 회사 규모를 키웠고, 그다음에는 20여 개의 기업을 인수·합병해 전 세계 45개국에 생산 공장을 갖춘 글로벌 제약회사가 되었다.

2011년 갑부 순위 14위에서 2017년 4위로 10계단이나 뛰어오른 시브 나다르(Shiv Nadar)는 인도의 유력 IT 서비스 회사 HCL테크놀로지의 창업주다. 같은 기간에 재산도 46억 달러에서 111억 달러로 크게 늘었다. 나다르 회장은 애초 인도 컴퓨터 하드웨어 산업의 선구자로 꼽혔다. 그러다 소프트웨어 서비스가 유망하다는 판단하에 2000년 이후 IT 서비스 분야를 집중 공략했다. HCL테크놀로지는 이 분야에 성공적으로 안착, 지금은 인도 4위의 IT 서비스 기업으로 자리 잡았다. 2017년 매출은 70억 달러, 직원 11만 명이 전 세계 31개국에서 근무하는 글로벌 기업이다.

갑부 순위 20위권 밖에서 5위(재산 85억 달러)로 등극한 사이러스 푸나왈라(Cyrus Poonawalla)는 인도 바이오 기술 산업의 기린아다. 그가 20대에 창업한 백신회사 인도혈청연구소는 복용량 기준으로 세계 1위의 백신 제조업체이다.

그는 최근 인도 뭄바이 해안가에 자리 잡은 초호화 저택 '링컨하우스'를 1억 1,300만 달러(약 1,335억 원)에 사들여 화제가 되기도 했다. 1945년 경마 경주장을 운영하는 집안에서 태어난 그는 사회주의적 경제체제를 유지하던 인도에서 경마는 미래가 없다고 생각했다. 경마 말에 익숙한 그는 은퇴한 말을 활용해 혈청을 만들어 싸게 팔면 장사가 잘될 것이라고 판단했다. 그래서 1966년 20대 초반에 그는 항파상풍 백신회사인 인도혈청연구소를 세웠다. 이후 간염, 홍역, 디프테리아 등 다양한 백신으로 생산 품목을 확장해 1980년대에는 인도 최대 규모의 백신회사로 자리 잡았다. 1994년에는 유엔아동기금(UNICEF) 등 유엔기구에 대규모 납품을 시작했다. 그 결과, 이 회사는 21세기에 들어 140여 개국에 백신을 수출하게 되었고, 전 세계 어린이 두 명 중 한 명이 이 회사 백신을 맞는 세계 최대 백신 회사가 됐다.

인도의 억만장자

1위	무케시 암바니 193억 달러 릴라이언스 인더스트리스 회장 (에너지, 정보통신, 소매체인)		**6위**	락시미 미탈 84억 달러 아르셀로미탈스틸 회장 (철강)
2위	딜립 샹비 167억 달러 선 파마슈티컬 회장 (의약품)		**7위**	우데이 코탁 63억 달러 코탁마힌드라뱅크 창업주 (은행)
3위	아짐 프렘지 150억 달러 위프로테크놀로지스 회장 (IT 소프트웨어)		**8위**	쿠마르 비를라 61억 달러 아디트야 비를라 그룹 회장 (섬유, 금속, 금융, 통신)
4위	시브 나다르 111억 달러 HCL테크놀로지 회장 (IT 서비스)		**9위**	수닐 미탈 57억 달러 바르티에어텔 회장 (통신)
5위	사이러스 푸나왈라 85억 달러 세럼인스티튜트 회장 (백신)		**10위**	데시 반두 굽타 55억 달러 루핀 창업주 (의약품)

파란색은 10위권 내에 새로 진입한 신흥 부자. 이건희 삼성전자 회장은 126억 달러
자료: 포브스 인디아

갑부 순위 7위인 우데이 코탁(Uday Kotak)은 '인도의 JP모건'으로 불리는 인도 민간 금융의 대표적 성공 신화이다. 그의 재산은 5년 전 36억 달러(갑부 순위 15위)에서 63억 달러로 2배 가까이 증가했다. 코탁은 인도 2위의 민영은행인 코탁마힌드라뱅크의 창업주다. 그는 약 30년 전 창업해 맨손으로 인도 굴지의 종합 금융회사를 키워낸 대표적 자수성가 금융인이다. 그는 1986년 친척과 친구들로부터 300만 루피(5,200만 원)를 모아 금융 투자 사업을 시작했다. 그가 경영하는 코탁마힌드라뱅크의 시가 총액은 2018년 2월 현재 1조 4,200억 루피(약 24조 원)를 기록했다. 단순 수치로 계산하면 자그마치 32만 배나 가치가 뛰었다.

인도 갑부 순위 10위에 오른 데시 반두 굽타(Desh Bandhu Gupta)는 인도의 대표적 복제약 제조업체 루핀의 창업주이다. 이 회사는 시가 총액 기준으로 2017년 3월 현재 세계 7위, 인도 3위의 글로벌 복제약 생산업체이다. 굽타 회장은 1938년생으로, 30세 때인 1968년 루핀을 설립해 세계 굴지의 복제약 제조업체로 만들었다. 그의 재산이 급증하고 그가 인도 갑부 순위에서 껑충 뛰어오른 것은 최근 루핀의 주가가 급격히 상승했기 때문이다. 그는 인도 최고의 비즈니스맨으로 통하는 마르와리 상인 출신이다. 그는 1968년 아내에게 5천 루피(약 8만 5,000원)를 빌려 복제약 제조 사업을 시작했다. 초창기에는 결핵 치료 약

위주였다. 오늘날 그의 회사는 세계 최대 결핵 치료 약 제조회사로 성장했다.

인도 최고의 갑부 자리를 오랫동안 지키는 기업인도 물론 있다. 인도 억만장자 순위 부동의 1위인 무케시 암바니(Mukesh Ambani)는 인도 최대 기업 릴라이언스의 회장이다. 지난 10여 년간 인도 최고 갑부 자리를 놓친 적이 없다.

갑부 순위 6위인 락시미 미탈(Lakshmi Niwas Mittal)도 10여 년째 인도 최고 갑부 상위를 유지하고 있다. 그는 당대에 맨손으로 세계 최대 철강회사 아르셀로미탈스틸을 일군 세계적 기업인이다. 그러나 최근 철강 가격이 폭락하면서 약 400억 달러에 달했던 그의 재산은 84억 달러로 대폭 줄어들었다.

갑부 순위 8위 쿠마르 비를라(Kumar Mangalam Birla)는 인도의 대표 기업 중 하나인 아디티야 비를라 그룹의 회장이다. 아디티야 비를라 그룹은 몇 세대에 걸쳐 상속된 재벌 기업으로, 현재 인도 재계 순위 4위이다. 비를라 회장은 대기업을 28세 때 물려받아 그룹을 크게 키우는 등 경영을 잘하는 것으로 정평이 나 있다.

참고

1. 비즈니스의 대세, 인도
인도 GDP 성장률 및 OECD 예상 성장률 그래프
⟨International Business Times⟩
http://www.ibtimes.co.in/pm-modis-note-ban-pulls-down-indias-gdp-growth-rate-7-
december-quarter-717708

23. 회사에 대한 충성도, 너무 기대하지 말라
Only about 30% can speak English, Forbes, Sahith Aula, 2014

27. 인도에서의 비즈니스 에티켓
https://news.kotra.or.kr/user/globalBbs/kotranews/3/globalBbsDataView.
do?setIdx=242&dataIdx=110311

33. 전자상거래와 인터넷 사업
(원출처 : Morgan Stanley Report 2016)
https://economictimes.indiatimes.com/industry/services/retail/indian-ecommerce-
market-to-grow-fastest-globally-over-3-years-morgan-stanley/articleshow/51031652.cms

34. 한국과 중국의 격전지, 인도 스마트폰 시장
https://www.counterpointresearch.com/india-smartphone-share/

35. 화폐개혁 후 고속 성장하는 전자결제 시장
http://biz.chosun.com/site/data/html_dir/2017/11/20/2017112002481.html
https://platum.kr/archives/95128

37. 급성장 중인 인도의 식품 가공 산업
메가 푸드 파크(Mega Food Park) 사진 출처
https://www.deccanchronicle.com/business/economy/101017/govt-to-set-up-mini-food-parks-bats-for-direct-farm-sourcing.html

38. 고급화를 지향하는 우유 및 유제품 시장
http://pridegb.ngelnet.com/Pride_global_webzine/201612/contents/con16.php

39. 네슬레 인디아, 인도 유제품 시장을 사로잡다
KORINDIA, 잘디잘디뉴스, https://korindia.com/news/29594

42. 인도 제지 시장에서 수출거리를 찾자
https://news.kotra.or.kr/user/globalBbs/kotranews/4/globalBbsDataView.do?setIdx=243&dataIdx=164062

45. 화학 제품 시장 공략법
http://www.newsis.com/view/?id=NISX20180713_0000362805

46. 매력적인 플라스틱 시장
인도 플라스틱 시장의 성장을 견인할 구조적 변화들 LG경제연구원
http://www.lgeri.com/uploadFiles/ko/pdf/busi/LGERI_Report_20180509_20182109132112024.pdf

47. 세계 3위의 인도 영화 시장
http://news.chosun.com/site/data/html_dir/2016/10/29/2016102900132.html

48. 전 세계 게임 허브가 되다
https://m.post.naver.com/viewer/postView.nhn?volumeNo=16018246&memberNo=31875496

인도 비즈니스
성공 비결

지은이 | 방길호
펴낸이 | 박상란
1판 1쇄 | 2019년 2월 1일
펴낸곳 | 피톤치드
교정교열 | 강예서, 유선주 디자인 | 김다은
경영·마케팅 | 박병기
출판등록 | 제 387-2013-000029호
등록번호 | 130-92-85998
주소 | 경기도 부천시 길주로 262 이안더클래식 133호
전화 | 070-7362-3488
팩스 | 0303-3449-0319
이메일 | phytonbook@naver.com
ISBN | 979-11-86692-28-8(03320)

「이 도서의 국립중앙도서관 출판예정도서목록(CIP)은 서지정보유통지원시스템 홈페이지(http://seoji.nl.go.kr)와 국
가자료공동목록시스템(http://www.nl.go.kr/kolisnet)에서 이용하실 수 있습니다.(CIP제어번호: CIP2019000064)」